UNE QUESTION D'ÉDUCATION

Du même auteur
chez le même éditeur

LA RONDE DE LA MUSIQUE DU TEMPS
II. Les Mouvements du cœur
III. L'Acceptation

ANTHONY POWELL

La Ronde de la musique du temps

I

UNE QUESTION D'ÉDUCATION

Traduit de l'anglais
par Michel Doury

CHRISTIAN BOURGOIS ÉDITEUR

Titre original :

A Danse to the Music of Time

A Question of Upbringing

ISBN-2-267-00758-4

Note de l'éditeur

ANTHONY POWELL
LA RONDE DE LA MUSIQUE DU TEMPS

Anthony Powell, né à Londres en 1905, a consacré presque un quart de siècle (de 1951 à 1975) aux douze volumes de sa fresque romanesque *la Ronde de la musique du temps.* Comme ses héros, il a fait ses études à Eton puis à Oxford où il se lia d'amitié avec Evelyn Waugh, Cyril Connolly, Cecil Beaton et George Orwell. Avant d'aborder sa carrière d'écrivain, il exerça différents métiers : éditeur, journaliste ou scénariste. Il est déjà l'auteur de cinq romans lorsqu'éclate la Seconde Guerre mondiale au cours de laquelle il se distinguera en jouant le rôle d'officier de liaison entre les Polonais, les Belges, les Tchécoslovaques et les Français. Ces années de guerre lui fourniront le prétexte et l'inspiration de ce qui constituera la réussite majeure de sa carrière d'écrivain.

Le vaste panorama restitué dans ces douze tomes de *la Ronde de la musique du temps* commence par une première trilogie : *Une question d'éducation* (1951), *les Mouvements du cœur* (1952), *l'Acceptation* (1955) et s'achève quelques dizaines d'années plus tard avec *Hearing Secret Harmonics* (1975). Tout au long de ces pages on assiste au destin des quelques étudiants qui nous sont présentés dans les premiers chapitres. Cette fresque sociale au ton désinvolte mais charmeur nous fait découvrir les transformations de la société anglaise de l'entre-deux-guerres.

Les trois premiers volumes de cette œuvre monumentale furent publiés en France par les éditions Julliard entre 1954 et 1956, une amorce de traduction qui resta sans suite. Paradoxalement, la réputation de « Proust anglais » dont bénéficie Anthony Powell n'a pas franchi la Manche. La nouvelle édition a pour but de combler cette lacune.

LA MUSIQUE DU TEMPS

1

Les hommes au travail au coin de la rue s'étaient confectionné une sorte de camp à eux, délimité par des piquets auxquels étaient suspendues des lampes tempête, là où un gouffre dans la chaussée menait à un réseau de canalisations souterraines. En rond autour d'un brasero allumé à l'entrée de l'abri, ils battaient des bras ou se frottaient les mains comme le feraient des comédiens dans une pantomime pour exprimer le concept de froid intense. L'un d'entre eux, un grand maigre en bleus de travail, qui dominait les autres par la taille, et qui jouait le rôle du rigolo avec son long nez pointu de clown shakespearien, s'avança soudain et comme s'il s'agissait d'un rite, jeta ce qui semblait être les reliefs de deux harengs saurs emballés dans du papier journal, sur les charbons incandescents, ce qui fit jaillir une flamme furieuse, tandis qu'un tourbillon de fumée était emporté par le vent du nord-est. La masse sombre des nuages flottait au-dessus des maisons, et la neige se mit à tomber doucement du ciel terne, chaque flocon produisant un petit grésillement en touchant le brasero. Les flammes disparurent ; et les hommes, comme si tous les rites avaient été enfin observés, se détournèrent du feu, et entreprirent leur laborieuse descente dans le trou, ou se retirèrent sous la bâche de leur abri. Les flocons gris continuaient à tomber mollement, espacés, tandis qu'une odeur âcre de gaz pénétrait l'air. Le jour touchait à sa fin.

Pour une raison que j'ignore, la vue de la neige tombant sur un feu me fait toujours songer à un monde antique – des légionnaires vêtus de peaux de mouton en train de se chauffer autour d'un feu de camp, un autel dans les montagnes dont les offrandes scintillent sous une colonnade dans le ciel d'hiver ; des centaures armés de torches galopant le long d'une mer gelée – fragments épars, sans liens, d'un passé fabuleux, à une extraordinaire distance de la vie ; et qui pourtant ranimaient des souvenirs de choses réelles et imaginées. Ces projections classiques, et quelque chose dans les attitudes physiques des hommes eux-mêmes quand ils s'étaient détournés du feu, suggéraient soudain la scène de Poussin où les Saisons, la main dans la main et tournées vers l'extérieur, dansent au son de la lyre dont joue un barbon ailé grisonnant et tout nu. Cette image du Temps amenait la pensée de mortalité : celle des êtres humains, tournés vers l'extérieur comme les Saisons, se tenant par la main et exécutant un pas compliqué, lentement, méthodiquement, avec parfois un rien de gaucherie, au rythme d'évolutions qui prennent une forme reconnaissable : ou bien se lançant dans des rondes apparemment dénuées de sens, où les partenaires disparaissent pour apparaître à nouveau, redonnant ainsi un sens au spectacle : incapables de contrôler la mélodie, incapables peut-être de contrôler les pas de la danse. Ces associations classiques me faisaient songer aux jours passés à l'école, où tant de forces, restées jusque-là inconnues, étaient finalement devenues d'une aveuglante clarté.

Comme l'hiver avançait, en fin d'après-midi la brume se levait sur la vallée et envahissait les prairies inondées; jusqu'à ce qu'enfin la maison et les faubourgs de la ville fussent enveloppés par une vapeur opaque, glaciale et qui avait la couleur de la fumée de cigare. La maison donnait sur ce qui ressemblait à un lotissement, diverses tentatives architecturales insignifiantes, qui venaient empiéter sur un groupe central de bâtiments imposants et démodés formant un quadrilatère irrégulier. Les vestiges envasés des ans se consumaient non sans mélancolie dans la brique marron de ces cours médiévales : au-delà des pavés et des arches, plus vers le nord, la mémoire s'attardait, également énigmatique et inconsolable, sur des noues et des avenues bordées d'arbres : et les sombres exigences du passé devenaient parfois suffocantes dans leur insistance.

Devant la porte, en direction de l'ouest, une route empierrée s'enfonçait dans une campagne plus vulgaire que ce parc et ces champs gothiques; un viaduc de chemin de fer; une usine à gaz; puis encore des champs – une sorte de steppe dont le climat semblait toujours extrême; la neige fondue; le vent; ou un soleil de plomb; un territoire immense où la rivière serpentait mollement et où des relents de gazomètre, qu'évoquait peut-être la fumée du feu de coke, se faisaient parfois sentir avec une intensité variable. Plus tôt dans le mois, des bandes de gamins erraient, nombreuses ou isolées, dans cette direction, tribus en migration, tout le temps en marche : clopinant sur le chemin de l'exil jusqu'à l'heure où les nuages humides recouvraient à nouveau les maisons rouges, et déformaient les crénelures et les clochetons au loin. Alors, avec le retour de la brume, on voyait revenir ces nomades qui, tristement, regagnaient en désordre leurs habitations abandonnées.

A cette époque de l'année – où l'exercice cinq jours par semaine ne semblait plus défendable – la route était vide; à part Widmerpool, revêtu d'un chandail jadis blanc et coiffé d'une casquette au moins une taille trop petite, qui clopinait avec détermination, en s'appuyant sur les talons plats de ses chaussures à pointes. Lentement mais sûrement il s'avançait vers moi dans la brume tandis que je rentrais – bien emmitouflé, je m'en souviens – d'une expédition jusqu'à la grand-rue. On savait que chaque après-midi Widmerpool allait tout seul s'entraîner volontairement. Il rentrait donc d'une de ses courses à travers les labours dans ce crachin qui tombait depuis le début du trimestre. Naturellement, je l'avais souvent vu auparavant, car nous appartenions à la même maison. Je lui avais même parlé, encore qu'il fût légèrement plus âgé que moi. On racontait toutes sortes d'anecdotes sur sa bizarrerie bien connue; mais jusque-là, tout cela n'en avait pas fait pour moi un être vivant. Et voilà que sur le goudron désolé d'un samedi après-midi de décembre, ce devait être en 1921, soudain Widmerpool, avec sa silhouette plutôt épaisse, ses grosses lèvres, ses lunettes à monture de fer qui donnaient comme d'habitude à son visage une expression chagrine, prenait consistance dans mon esprit. Comme l'humidité glaciale montait insidieuse de la route, deux minces jets de vapeur jaillissaient de ses narines écartées, et tout à coup il semblait doué d'une douloureuse solidarité qui avait toujours échappé aux propos que l'on tenait à son sujet. Quelque chose de gauche et d'étriqué dans son aspect s'imposait soudain à l'observateur, tandis que, raide et presque majestueux, Widmerpool surgissait de la brume appuyé sur les talons.

Il ne jouissait pas d'un grand prestige et n'appartenait à aucune équipe; loin d'être un cancre, il n'était cependant pas remarquable par ses résultats. A n'importe quel moment de l'année, on pouvait le voir s'entraîner pour le sport de la saison : en hiver, il allait courir tout seul, avec ou sans ballon; en été, il allait faire de l'aviron sur la rivière, avec de profondes inspirations et la sueur qui dégoulinait sur les verres épais de ses lunettes à chaque coup de rame. A ma connaissance, jamais il n'était arrivé même en demi-finale dans les épreuves où il s'inscrivait. La plupart du temps il était seul, et même quand il se promenait avec d'autres garçons il semblait en quelque sorte séparé d'eux. Dans la maison on le remarquait davantage qu'en plein air, car il avait une voix haut perchée et il articulait mal : comme si sa langue avait été trop grosse pour sa bouche. Cette diction particulière donnait l'impression qu'il était toujours en train de protester, manière de parler que l'expression de son visage pouvait presque laisser prévoir. En plus de cette bruyante façon qu'il avait de s'exprimer, d'épais renforts de caoutchouc sur ses semelles et ses talons faisaient que ses bottines – il portait des bottines plus souvent que ce que Stringham appelait « les bonnes chaussures solides de Widmerpool » – grinçaient : ces grincements stridents, d'un registre étroit comme les notes d'un orgue de Barbarie, avertissaient de son approche quand on les entendait sur le linoléum d'un lointain couloir; cette funèbre musique semblait destinée à exprimer dans ce registre les mystères d'une existence vouée au labeur et à l'abnégation à l'écart des activités coutumières de la tribu. Peut-être aura-t-on l'impression d'un être dont le caractère grotesque attirait le regard. Eh bien, rien de tel chez Widmerpool. Comme beaucoup d'autres, son personnage restait dans l'obscurité. La différence d'âge faisait que presque tout ce que je savais de lui était de seconde main; et malgré la brusque prise de conscience que j'eus de lui par cette soirée d'hiver, il serait resté pour moi une silhouette vague si auparavant, avant ma propre arrivée, il n'était pas devenu un « nouveau » mémorable, en portant le manteau qu'il ne fallait pas.

Avec le temps je ne sais plus trop quelle espèce de manteau on prétendait que Widmerpool avait alors porté. Les histoires à ce sujet s'étaient changées en légendes : à tel point que cinq ou six ans après, on appelait encore un vêtement particulièrement bizarre ou déplacé « un Widmerpool »; et Templer, par exemple, disait parfois : « Il me semble qu'aujourd'hui mes chaussettes sont particulièrement Widmerpool » ou : « Pour rentrer à la maison, je me suis acheté une cravate très Widmerpool. » Mon impression, c'est que ce manteau ne devait pas être tellement éloigné des normes, qu'il avait ou n'avait pas de martingale, qu'il était ou non croisé, ou que peut-être même sa bizarrerie ne tenait qu'à la forme de son col; ou bien était-ce le tissu, dont la couleur ou le grain ne convenaient pas.

En fait, ce manteau n'avait eu de remarquable que d'être le véhicule du commentaire qu'il suscitait, dans la mesure où un aspect de Widmerpool lui-même s'était révélé indigeste pour la communauté. Un manteau (qui ne devait jamais acquérir la moindre notoriété) et qui appartenait à un certain Offord dont les parents habitaient Madère, où ils avaient peut-être acheté ce vêtement, me fut ainsi montré comme étant « très semblable à celui de Widmerpool ». Mais il ne fut jamais question de faire subir à Widmerpool la moindre brimade, ni même de se moquer cruellement de lui à ce sujet. Même, il semble que sa bizarrerie ne lui fut jamais signalée que par les esprits les plus bas : ce manteau devenant ainsi presque sur-le-champ un élément traditionnellement ridicule du quotidien. Des années plus tard, si l'on demandait des détails à ce sujet aux contemporains de Widmerpool, ils ne faisaient que des réponses vagues, et se contentaient de rire en affirmant qu'il ne l'avait porté qu'un trimestre ou deux; et que l'hiver suivant, il était arrivé vêtu d'un manteau parfaitement normal.

Ce manteau procura à Widmerpool une notoriété durable qu'une carrière scolaire au demeurant parfaitement terne ne parvint pas à dissiper entièrement. Dans quelle mesure était-il conscient de cette réputation, cela reste difficile à dire. Son comportement laisse à penser qu'il espérait auprès des autres des titres de gloire plus considérables que celui d'avoir porté pendant quelques mois un vêtement excentrique. Si c'était son intention, il échoua ; et la seule fois où j'ai vu ses efforts mériter quelque considération, ce fut dans doute, environ un mois avant qu'il ne se manifestât à moi dans la brume, de cette façon quasi transcendantale. Nous avions tous été convoqués à la bibliothèque pour entendre les récriminations de Parkinson, notre capitaine, à propos de notre manque général d'enthousiasme. Ce Parkinson, personnage assez falot au demeurant, et qui rougissait très facilement, avait terminé son petit discours par ces mots : « Et c'est bien dommage que certains d'entre vous n'y mettent pas autant de cœur que Widmerpool. » Grands éclats de rire. Même Parkinson avait souri d'un air penaud avant, comme d'ordinaire, de devenir tout rouge, comme s'il avait dit quelque chose, même à ses propres yeux, de tout à fait indécent ; et ce faisant, il tripotait comme à son habitude l'acné qui ornait l'une de ses pommettes.

Quant à Widmerpool, il n'avait pas souri, encore que le rire ne lui eût sûrement pas échappé. Il avait fixé, l'air sérieux, ses bottines avec leurs épais renforts de caoutchouc, soucieux apparemment d'éviter toute accusation de suffisance. Et pendant ce temps, ses doigts se crispaient nerveusement. Il avait de petites mains noueuses, avec des ongles courts et fendillés, comme s'il passait ses loisirs à creuser profondément dans le sol. Stringham avait dit que les ongles de ce saint qui avait creusé sa propre tombe sans l'aide d'aucun outil auraient pu rivaliser avec ceux de Widmerpool dans un concours de manucure. Si Widmerpool ne s'était pas couvert de furoncles peu après que cette miette de louange ne lui fut tombée dessus, il aurait pu, à la fin de la saison, se glisser dans l'équipe de football de notre maison. Cet honneur, cependant, devait lui échapper ; encore que son mal à peine calmé il reprenait son entraînement avec autant d'ardeur que jamais. Et un autre garçon plus populaire que lui fut nommé remplaçant.

Toujours méditant sur cette apparition de Widmerpool, je regagnai notre maison, et retrouvai dans le vestibule l'odeur familière de savon au phénol, de couvertures mises à aérer, et de ragoût de mouton froid – presque bienvenue après le brouillard qui régnait au-dehors – et je grimpai l'escalier pour aller prendre mon thé. Une épaisse bande de peinture noire séparait la partie supérieure du mur, qui était peinte en jaune, du bas, cramoisi. Au-dessus de cette ligne noire il y en avait une autre, marbrée et ondulée, produite par le frottement des bras et des épaules de ceux qui montaient ou qui descendaient l'escalier, ce qui avait fini par former une bande décolorée grise sur la détrempe. Comme d'habitude, deux ou trois garçons étaient plantés devant le panneau d'affichage du premier étage, les yeux rivés à des demi-feuilles de papier fixées par des punaises à la serge verte, contemplant les listes gribouillées et les consignes comme l'on contemple le télégraphe imprimeur qui va vous annoncer le gagnant. Il n'y avait rien de plus neuf qu'une de ces circulaires régulièrement pondues par Le Bas, le maître de notre maison, où il nous rappelait l'obligation où nous étions de gratter nos souliers sur le gratte-pieds, avant de les frotter ensuite soigneusement à nouveau sur le paillasson placé à l'entrée du vestibule, et cela afin d'éviter de répandre de la boue dans toute la maison. Dans le coin de cette circulaire crasseuse Stringham, quelques jours auparavant, avait dessiné un visage au crayon rouge. Et tous ces yeux étaient fixés maintenant, inexpressifs, sur ce signe éclatant de rébellion contre l'autorité.

Depuis le début de ce trimestre nous mangions ensemble, Stringham, Templer et moi; et ils m'apprenaient beaucoup de choses. Ils étaient tous les deux légèrement plus âgés que moi, Stringham d'environ un an. Cet arrangement était en partie dû à des raisons d'économie domestique dans notre maison : en particulier pour la distribution du goûter. J'aimais beaucoup Stringham et je l'admirais; pour Templer, je ne savais pas trop. Qu'il se vantât de n'avoir de sa vie jamais lu un livre par plaisir ne prêchait guère en sa faveur à mes yeux : encore qu'il sût bien mieux que moi ce dont parlent les livres. C'était un grand spécialiste pour enfreindre le règlement, ou le détourner des fins prévues par ceux qui l'avaient fait encadrer. Ayant obtenu la permission, prétendument à la demande de ses parents, de consulter un oculiste, Templer était allé passer la journée à Londres. Il était peu probable qu'il écourtât cette visite afin de rentrer à temps pour le thé, que nous prenions dans la chambre de Stringham.

Quand j'entrai, Stringham était à genoux devant le feu, en train d'utiliser un coupe-papier en forme de cimeterre en guise de fourchette à griller le pain. Sans se retourner, il dit : « Il y a une crise de la confiture. »

Il était grand et brun, et ressemblait un peu à l'un de ces jeunes gens en fraise, compassés et tristes, et dont les longues jambes occupent tant de place dans les portraits du XVIe siècle; ou peut-être à une version plus jeune – et beaucoup plus mince – de l'Alexandre de Véronèse recevant les enfants de Darius après la bataille d'Issus : le même front haut avec l'impression de cheveux qui s'éclaircissent aux tempes. Ses traits rappelaient bien ceux de cette époque de l'art, comme on les trouve dans les miniatures du temps d'Élisabeth, animés, obstinés, généreux, pas vraiment heureux, inflexibles. C'était un mime excellent et quoiqu'il lui arrivât de sombrer dans de profonds accès de mélancolie, il parlait énormément quand il ne se trouvait pas dans une de ses crises d'humeur chagrine. Et quand il était en train, il était capable de chahuts extraordinaires. Il jouait suffisamment bien au cricket pour s'en tirer; le football, il faisait tout son possible pour l'éviter. J'acceptai le toast qu'il me tendit.

– J'ai acheté des saucisses.

– Emprunte donc encore la poêle. On les fera sur le feu.

La pièce contenait deux gravures en couleurs du XVIIIe siècle représentant des chevaux de course (Trimalchio et The Pharisee, avec des jockeys au menton bleu) qui étaient accrochées au-dessus d'une photographie découpée dans un des hebdomadaires illustrés et glissée dans un sous-verre : elle représentait la sœur de Stringham le jour de son mariage; le marié était en uniforme kaki avec une manche épinglée à sa tunique. Au-dessus de la cheminée il y avait une grande photographie très artistique de la mère de Stringham; il vivait chez elle; c'était une beauté, et une héritière, qui venait de se remarier l'année précédente après s'être séparée du père de Stringham. Elle était sud-africaine. Glissée dans un coin du cadre, on pouvait voir un instantané de ce monsieur, d'aspect agréable, le col de sa chemise déboutonné, en train de fumer sa pipe le soleil dans les yeux. Lui aussi s'était remarié, et il avait emmené sa seconde femme, une Française, et plus jeune, au Kenya. Stringham parlait rarement de son foyer, et à l'époque c'était tout ce que je savais de sa famille; encore que Templer eût fait remarquer une fois que « dans cette direction il y a pas mal d'argent disponible », ajoutant que les parents de Stringham évoluaient dans des cercles où l'on menait « assez grand train ».

J'avais été si frappé par la génération soudaine de Widmerpool, surgi presque comme une nouvelle incarnation, un instant auparavant sur le chemin de l'école, que je me mis à décrire, pendant que les saucisses cuisaient, la façon dont il s'était matérialisé dans une série de soubresauts qui l'avaient fait jaillir de l'ombre, avec sur lui tous les stigmates du découragement le plus profond. Stringham m'écoutait tout en perçant les saucisses à l'aide de son cimeterre. Il dit lentement : « Widmerpool souffre – ou il a souffert – de contorsions du derrière. Dickinson m'a raconté qu'à l'époque où l'on faisait défiler les nouveaux dans la bibliothèque à l'heure du thé, ils étaient tous alignés debout contre le mur lorsque soudain on entendit des cris inarticulés. A cause de son infirmité, les jambes de Widmerpool s'étaient soudain pliées sous lui.

– Et il est tombé?

– Il s'est rattrapé à la moulure, ses pieds ne touchaient plus terre.

– Et ensuite?

– On l'a évacué.

– Je vois. Est-ce que nous avons de la moutarde?

– Et maintenant je vais te raconter ce que j'ai vu l'été dernier, ajouta Stringham en se souriant à lui-même tout en continuant à perforer ses saucisses. Peter Templer et moi avions assisté – pour une raison incompréhensible – à la fin d'un match de cricket, et nous nous étions arrêtés sur le chemin du retour pour boire quelque chose. Nous étions tombés sur Widmerpool tout seul devant un verre de limonade. Un certain nombre de membres de l'équipe étaient en train de bavarder et de chahuter à l'autre extrémité du comptoir et quelqu'un a lancé une banane épluchée, qui a manqué son objectif et est venue frapper Widmerpool. Cette banane, qui était très mûre, a fait mouche et lui a éclaté à la figure, en faisant chavirer ses lunettes. Sa casquette est tombée et il a renversé presque toute sa limonade sur ses vêtements.

– Tout à fait caractéristique de la précision de tir du onze de l'école.

– C'était Budd le responsable. Widmerpool a sorti son mouchoir et il a commencé à nettoyer le désastre. Budd a traversé le magasin en riant et il lui a dit : « Désolé, Widmerpool. Ce n'était pas toi que je visais avec cette banane. » Widmerpool fut visiblement stupéfait de s'entendre ainsi appelé par son nom, et si poliment, par un personnage aussi considérable que le capitaine du onze – qui ne pouvait connaître le nom de Widmerpool qu'à cause de l'histoire du fameux manteau. Budd est resté planté là, souriant, à montrer toutes ses dents de star de cinéma, et ressemblant plus que jamais à un héros de bande dessinée pour adolescents.

– Avec ce noble front...

– Qui ne l'aide guère à marquer des points, ajouta Stringham – pas plus que ces balles rasantes dont il a le secret et qui font si bien sur les photographies.

Il s'arrêta et hocha la tête, apparemment plein de tristesse à l'évocation des insuffisances de Budd comme joueur de cricket; puis il reprit : « Bref, Budd – débordant de charme par tous les pores, ajouta : " Je crains bien de t'avoir mis dans un triste état, Widmerpool ", et il resta planté là à considérer l'étendue du désastre dont il était la cause. Eh bien, devineras-tu l'expression extraordinairement *servile* qui a envahi alors le visage de Widmerpool : " Mais ce n'est rien du tout, a-t-il dit, rien du tout, Budd. Ça n'a aucune espèce d'importance. " »

L'adresse avec laquelle Stringham imitait la façon de parler qu'avait Widmerpool était remarquable. Il arrêta son récit pour tremper un morceau de pain dans la graisse des saucisses en train de frire et quand cela fut fait, il reprit : « C'était comme si Widmerpool avait éprouvé quelque horrible et secrète jouissance. Il avait ôté ses lunettes et il avait entrepris de les essuyer, les yeux froncés avec autour des restes de banane. Il s'est mis à souffler sur les verres et à les astiquer avec tous les signes de la bonne humeur la plus vive. L'effet n'a pas été du tout ce qu'on aurait pu espérer. De fait, la bonne humeur qu'il manifestait a plongé l'assistance dans une épouvantable tristesse. Budd est retourné près de ses amis et il a fini ce qu'il mangeait, ou ce qu'il était en train de boire, dans un silence de mort. Tous les autres membres du onze, enfin, les garçons qui étaient là, ont cessé de rire et, d'un air mal à l'aise, ils se sont mis à parler de la saison à venir. Ils avaient perdu toute leur exubérance. Je n'ai jamais rien vu de pareil. Puis Budd a pris sa batte de cricket, ses jambières, ses gants, toutes ses affaires, et il a dit : “ Bon, eh bien, il faut que je me sauve. Ce soir, j'ai la société de musique ”, et puis ç'a été le refrain habituel : “ Bonsoir, Bill, bonsoir. ”

– Bonsoir, Guy... bonsoir, Stephen... bonsoir, John... bonsoir, Ronnie... bonsoir, George...

– Exactement, dit Stringham – bonsoir, Eddie... bonsoir, Simon... bonsoir, Robin... et ainsi de suite jusqu'à ce qu'ils aient tous fini de se dire bonsoir individuellement et en groupe, et puis ils sont tous partis, bras dessus, bras dessous, en traînant les pieds. Templer voulait aller en ville avant que ça ne ferme, alors nous avons laissé Widmerpool à ses pensées. Il a remis ses lunettes, et il a rajusté sa casquette; et comme nous franchissions la porte, nous l'avons vu qui frottait ses petites mains noueuses l'une contre l'autre, encore tout souriant après cette immortelle rencontre avec Budd.

Le récit de cet incident, qui illustrait un autre aspect de Widmerpool, ne me fit pas sur le moment une très profonde impression. C'était juste une de ces anecdotes comme il en circulait de temps en temps sur le même sujet, et dont la différence tenait seulement au talent de conteur que possédait Stringham. Ma récente rencontre avec Widmerpool et la conscience que j'avais de sa personnalité me semblaient plus proches et plus réelles. Stringham, cependant, n'en avait pas fini. Il ajouta : « Et comme nous passions devant les courts de paume, Templer m'a fait remarquer : " Je suis bien content que cet âne de Widmerpool ait arrêté cette banane avec sa figure. " Je lui ai demandé pourquoi il ne l'aimait pas – parce que somme toute ce malheureux est bien anodin – mais il est apparu que c'était Widmerpool qui avait fait virer Akworth. »

Stringham s'est arrêté pour laisser à son histoire le temps de produire son effet. Il a disposé autrement ses saucisses. Je ne me rappelais pas trop bien ce qui était arrivé à Akworth : mais je savais qu'il avait quitté l'école à la suite d'un scandale juste après mon arrivée, et il avait couru à l'époque toutes sortes de rumeurs diverses concernant ses méfaits.

– Akworth, ce n'est pas celui qui a essayé de mettre le feu à sa chambre? Ou alors est-ce qu'il avait volé quelque chose que l'on n'avait pas pris la précaution de clouer au mur?

– Il en était certainement très capable, dit Stringham, mais il a été mis dehors principalement pour avoir fait passer un billet à Peter Templer. Widmerpool l'a intercepté et l'a montré à Le Bas. Je dois admettre que ç'a été une révélation pour moi quand Peter me l'a raconté.

– Et c'est pour cela que Peter ne peut pas voir Widmerpool?

– Pas seulement ça mais Widmerpool a réussi à coincer Peter pour lui infliger un formidable sermon sur la morale.

– Cela ne pouvait lui faire que le plus grand bien.

– Cela a duré tellement longtemps, avec Widmerpool collé devant lui, que Templer a fini par se demander où l'autre voulait en venir.
– Peter s'imagine toujours des choses.
– J'admets qu'il se montre extraordinairement prétentieux, dit Stringham en retournant pensivement les saucisses, comme s'il était en train de contempler la vanité de Templer.
– Et Widmerpool? ai-je demandé.
– Horrible pensée, n'est-ce pas?
– Et la réponse?
Stringham éclata de rire : « Peter a fait une remarque typique du style Templer quand je lui ai posé cette question, il m'a dit : " Et alors rien, Dieu merci, mais Widmerpool s'est mis à arpenter la pièce en soufflant comme le fait le pékinois blanc de ma sœur. As-tu remarqué comme il était heureux d'avoir été remarqué par Budd? On aurait dit que l'on venait de l'embrasser sous le gui. Pauvre type! Il dégage une impression tellement lacrymale qu'on pourrait y chasser la bécassine. " Peut-on imaginer une expression plus digne de Templer? En tout cas, voilà l'impression que produit Widmerpool sur notre cher camarade.
– Mais comment est-il vraiment?
– Si tu l'ignores, le mieux est de l'examiner soigneusement. Tu en auras l'occasion ce soir à la prière. Ces saucisses sont à point.

Il se tut et resta le coupe-papier en l'air, les sourcils levés, car au même instant on avait entendu un pas traînant sur le seuil, suivi d'un coup discret à la porte, bruit surprenant en lui-même. Une seconde plus tard, une voix hésitante et qui dégageait une infinie tristesse demanda : « Puis-je entrer? »

Ce n'était certainement pas un élève, ni un professeur. Les gonds grincèrent et dans l'entrebâillement de la porte apparut un visage désapprobateur et curieux. On devinait une petite moustache, grise ou blond pâle, et un complet de tweed rustique plutôt usagé. Je compris tout de suite, non sans une certaine appréhension, que c'était mon oncle Giles qui essayait ainsi de s'introduire dans la pièce.

Je ne l'avais pas revu depuis la fin de la guerre, et il portait alors une sorte d'uniforme, dont il était difficile d'identifier l'arme. Cette apparition soudaine chez Stringham constituait une incursion sans précédent : la première fois qu'il venait jusqu'ici. Il hésita à entrer, la tête appuyée contre le chambranle de la porte entrouverte : raide, comme pris dans un piège cruel destiné à attraper ceux de son espèce : quelque collet au mécanisme brutal, mais conçu spécialement pour ne pas risquer d'endommager la peau d'une race de créatures aussi rares. La peau de l'oncle Giles, en fait, n'était pas facile à blesser, encore que l'expérience des ans lui eût appris à se défier de l'idée excessive selon laquelle sa présence serait la bienvenue n'importe où – où risquaient de se trouver d'autres membres de sa famille. Dans un premier temps, il n'essaya donc pas de s'avancer plus loin, modestement conscient que son arrivée inattendue risquait, ce qui semblait assez raisonnable, d'être considérée par les personnes présentes comme la source éventuelle d'une situation embarrassante.

« J'allais à Reading, commença-t-il, quand je me suis dit : « Tiens, je pourrais aller le voir. »

Il restait planté devant la porte, l'air vaguement

ahuri, peut-être grisé par l'odeur des saucisses qui envahissait la pièce, et qui lui rappelait un déjeuner probablement frugal et déjà lointain. Qu'est-ce qu'il allait faire à Reading, impossible de le deviner. Et s'il venait de Londres, c'était à peine le chemin. Mais il était fort possible que l'oncle Giles ne vînt pas de Londres. Ses pérégrinations restaient, par définition, secrètes. Stringham se leva et mit les saucisses sur une assiette.

« Voici mon oncle – le capitaine Jenkins. »

Tâtant les saucisses de la pointe du coupe-papier, Stringham dit : « Je vais aller chercher une autre tasse. Vous prendrez bien une tasse de thé avec nous, n'est-ce pas ? »

« Merci, je ne prends jamais le thé, répondit l'oncle Giles. – Les personnes qui prennent le thé gâchent la moitié de l'après-midi. Je me suis toujours refusé à prendre cette habitude. Naturellement, je ne parle pas de *votre* sorte de thé. »

Il nous regarda comme en quête d'approbation, pas très sûr que sa déclaration constituât une attitude admissible à l'égard du thé ; et se demandant – à juste titre – si l'affirmation selon laquelle il faisait des efforts – même dérisoires – pour éviter de gaspiller son temps risquait de paraître crédible, même dans la compagnie où il se trouvait présentement. Nous allâmes emprunter une chaise à côté, il s'assit et se moucha dans un grand mouchoir de couleur, en poussant une série de petits grognements.

« Mais que je ne vous empêche pas d'attaquer vos saucisses, mes amis, dit-il. Elles vont refroidir. Elles ont l'air délicieuses. »

Soigné de sa personne, avec encore en lui quelque

chose de l'officier, bien qu'il n'eût plus été en activité depuis plus de vingt ans et que ce grade de « capitaine » fût plus ou moins honoraire – qu'il se le fût attribué lui-même et que les membres les mieux disposés de la famille le lui accordassent bien volontiers –, le frère de mon père pouvait avoir une cinquantaine d'années. Son apparition ce soir-là montrait au moins qu'il n'avait pas émigré, suggestion que l'on avançait parfois pour expliquer une disparition aux yeux du public plus longue que de coutume. Il traînait également dans la famille quelques plaisanteries gênées concernant la possibilité de quelque illégalité dans le cours de ses affaires, quelques petites irrégularités financières qui auraient pu expliquer son absence involontaire de la scène mondaine; car l'oncle Giles avait été relégué par la plupart de ceux qui le connaissaient un peu dans ces limbes où l'on n'attend rien d'une personne, et où les actes particulièrement choquants sont considérés, au moins dans la conversation, comme s'il s'agissait de simples facéties, plus ou moins drôles, selon qu'on risquait ou non d'avoir à réparer les dégâts. Ce qu'il y a de curieux à propos de ces gens à l'égard de qui la société a adopté cette attitude essentiellement défensive c'est que l'existence de l'individu lui-même atteint un degré où rien de ce qui lui arrive n'est plus pris au sérieux. Se suicide-t-il, ou commet-il un meurtre, on ne voit que les aspects grotesques de l'événement : somme toute, éviter de semblables extrémités semble faire partie intégrante de cette situation. Mon oncle offrait une bonne illustration des effets de cette loi; mais naturellement, à l'époque, je n'avais pas de lui une vision aussi claire.

S'il se rendait à Reading, il n'avait donc pas l'intention de quitter prochainement le pays; et, sauf cas de libération conditionnelle, il n'était visiblement pas exposé aux coups des lois. Il acheva de se moucher, repoussa son mouchoir dans sa manche puis, utilisant sans intention facétieuse cette scie à la mode, me demanda :

– Et ton père?

– Ça va.

– Et ta mère?

– Elle va très bien.

– Parfait, conclut l'oncle Giles comme s'il éprouvait personnellement un vif soulagement à la nouvelle que mes parents allaient très bien, même si le reste du monde devait ne pas partager ces sentiments.

Il y eut un silence. Je lui demandais comment il allait lui-même, ce qui lui arracha un rire dédaigneux.

– Oh! moi, dit-il, c'est toujours un peu pareil! Je ne rajeunis pas, et puis toujours ces ennuis de duodénum. Il fallait que je voie ton père pour une signature à propos de certains papiers. Il est toujours à Paris, j'imagine.

– Cette phase de la Conférence est achevée.

– Alors, où est-il?

– A Londres.

– En permission?

– Oui.

– Le ministère de la Guerre n'a pas encore trouvé où l'expédier?

– Non.

Cette nouvelle sembla déconcerter mon oncle. Il

semblait invraisemblable, presque inimaginable, qu'il eût vraiment l'intention d'imposer sa compagnie à mon père qui, depuis de longues années, s'efforçait de décourager tout rapprochement avec son frère, sauf quand soudain il était pris de l'envie fugitive et irrésistible de dire à la face de l'oncle Giles ce qu'il pensait de lui, mais cela ne durait jamais plus de trente-six heures; ensuite, l'inutilité prévisible d'une telle démarche lui apparaissait clairement.

– Tiens, à Londres? dit l'oncle Giles, en fronçant la peau sèche et rougeâtre des ailes de son nez, sous laquelle un fin réseau de veines grisâtres dessinait comme l'amorce d'un jeu de morpion.

Il sortit un étui à cigarettes en cuir et – je n'avais pas eu le temps de l'arrêter – il alluma une cigarette.

– Les visiteurs ne sont pas censés fumer ici.

– Ah tiens, dit l'oncle Giles, l'air très surpris, et pourquoi cela?

– Eh bien, si la pièce sent la fumée, on ne peut pas savoir si quelqu'un d'autre a fumé.

– Évidemment, répliqua l'oncle Giles, en soufflant un long panache de fumée.

Il semblait interloqué.

– Le Bas pourrait croire qu'un élève a fumé.

– Et qui est Le Bas?

– Notre maître de pension.

Comment il avait réussi à trouver la maison sans connaître l'identité de Le Bas, il y avait là un mystère parfaitement inexplicable. Mais cela s'accordait tout à fait avec la façon dont l'oncle Giles menait son existence de le voir arriver à destination alors qu'il ignorait le nom de l'objectif. Il continua à tirer sur sa cigarette.

– Je vois, dit-il.

– Les élèves n'ont pas le droit de fumer.

– C'est bien naturel. Ça arrête la croissance. C'est une grave erreur de fumer avant vingt et un ans.

L'oncle Giles rectifia la position. On avait l'impression qu'il sentait parfaitement que les jeunes gens d'aujourd'hui pouvaient difficilement espérer rivaliser avec les critères qui avaient gouverné sa propre jeunesse. Il hocha la tête et fit tomber un peu de cendre sur l'une des assiettes sales.

– Cent contre un que Le Bas ne viendra pas, dit Stringham. Moi, je risquerais le coup.

– Le coup de quoi ? demanda l'oncle Giles.

– De fumer.

– Vous voulez dire que ce serait préférable que je l'éteigne ?

– Bah, ne vous inquiétez pas.

– Mais bien sûr que si, que je vais m'inquiéter, dit l'oncle Giles. Il ne me viendrait pas à l'idée d'enfreindre un règlement comme celui-ci. Les règles sont faites pour qu'on y obéisse, même quand parfois elles paraissent ridicules. Le problème est : qu'est-ce que je vais faire de cette cigarette, maintenant que j'ai contrevenu au règlement ?

Avant que mon oncle n'eût pris la décision d'éteindre sa cigarette sur sa semelle et de jeter le mégot dans le feu, il ne restait plus guère de cette cigarette. Stringham ramassa les cendres, qui s'étaient éparpillées dans divers ustensiles, et il balaya tout cela au-dessus des braises. Pendant tout le reste du goûter l'oncle Giles, ayant apparemment abandonné au moins temporairement tout désir de mettre au point une éventuelle entrevue avec mon père, nous entretint, non sans une certaine confusion, de la possibilité d'un moratoire en rapport avec les réparations dues par l'Allemagne et l'effondrement du mark. Les sympathies de l'oncle Giles allaient aux Allemands : « Ils travaillent dur, dit-il, et ont par conséquent droit à mon respect. » Comment cela était venu restait obscur. Nous achevâmes notre thé et il marmonna encore quelque chose à propos d'affaires de famille qu'il faudrait discuter puis, après avoir dit au revoir à Stringham avec une cordialité qui, de la part de mon oncle, aurait presque pu passer pour de l'effusion, il me suivit dans le couloir.

« Qui est-ce ? » me demanda-t-il quand nous fûmes seuls.

D'ordinaire, l'oncle Giles ne manifestait pas le moindre intérêt pour quelqu'un ou quelque chose, en dehors de lui-même et de ses propres affaires – et il semblait devenu tout à fait incapable de retenir le plus infime détail concernant les autres, sauf si cela pouvait le concerner directement en quoi que ce soit. Je fus d'autant plus surpris de constater qu'il écoutait avec une certaine attention ce que je lui racontai à propos de la famille de Stringham. Lorsque j'eus fini, il me dit :

– J'ai souvent rencontré son grand-père à Cape Town.

– Qu'est-ce qu'il faisait là-bas ?

– Enfin, le père de sa mère. Il a amassé une énorme fortune. Un assez brave type. Et qui, naturellement, connaissait tous les gens utiles.

– Il était dans les diamants ?

J'étais friand de romans policiers où des millionnaires sud-africains ont fait fortune dans les diamants.

– Dans l'or, dit l'oncle Giles, les sourcils froncés.

Son séjour en Afrique du Sud constituait une des périodes dans la vie de l'oncle Giles que le reste de la famille évitait d'évoquer de trop près – ou bien, quand cela se trouvait, on passait rapidement, si bien que j'aurais aimé qu'il me confiât quelques détails sur des expériences dont il était défendu de parler. Mais il se contenta de dire :

– J'ai rencontré la mère de ton camarade quand elle était mariée avec Lord Warrington ; c'était une très jolie femme.

– Et qui était Lord Warrington?

– Il était beaucoup plus âgé qu'elle. Il est mort. Il n'a jamais eu de chance, Warrington. Et ainsi, tu prends toujours le thé avec le jeune Stringham?

– Et un autre garçon qui s'appelle Templer.

– Et où était ce Templer, demanda l'oncle Giles d'un air méfiant, comme s'il s'imaginait que quelqu'un l'avait espionné à son insu, ou qu'on l'avait roulé d'une façon ou d'une autre.

– A Londres, pour faire examiner ses yeux.

– Et qu'est-ce qu'il a aux yeux?

– Ils lui font mal quand il travaille.

Il réfléchit sur ces propos, qui reproduisaient fidèlement les paroles de Templer concernant ses problèmes oculaires. L'oncle Giles songeait visiblement à une expérience personnelle similaire, car il resta silencieux quelques secondes. Je continuai sur Stringham, mais l'oncle Giles avait épuisé son pouvoir d'attention en ce qui concernait les autres.

Il se mit à tambouriner sur la vitre, et continua jusqu'à ce que j'interrompe la description de ce que je savais du cadre familial de Stringham.

– C'est au sujet du fidéicommis, dit l'oncle Giles, arrêtant brusquement son bruit de tambour, pour prendre une attitude à la fois accusatrice et teinté d'humilité.

Donc, ce fidéicommis expliquait sa visite. Le fidéicommis expliquait son arrivée par cette soirée d'hiver. Si j'y avais songé plus sérieusement, une telle explication me serait apparue plus tôt ; mais à l'âge que j'avais alors, je ne saurais prétendre que j'éprouvais un intérêt bien vif pour ce fidéicommis, un sujet qui revenait régulièrement à mes oreilles. Le temps et l'ingéniosité considérables consacrés par les autres membres de la famille à tourner et à retourner ce fidéicommis sous ses différents et multiples aspects avaient sans doute même contribué à en diminuer pour moi l'intérêt intrinsèque. Bref, le sujet me rasait. Si je regarde en arrière, je comprends la fascination que ce fidéicommis exerçait sur ma famille : surtout ceux qui, comme l'oncle Giles, en bénéficiaient plus ou moins. En ce temps-là, l'intérêt qu'ils y portaient touchait à la folie.

Cet argent venait d'une grand-tante; elle avait réglé cela de telle façon qu'il en jaillissait, je pense, toutes sortes de difficultés légales. Pour compliquer le tout l'oncle Martin, un des frères de mon père, et qui était également un des bénéficiaires, célibataire, avait été tué au cours de la seconde bataille de la Marne, et il avait singulièrement compliqué les choses, encore que la somme à partager ne fût pas énorme, en laissant un testament à sa façon : il garantissait le capital sans désigner clairement le bénéficiaire des intérêts. Mon père et l'oncle Giles étaient donc parvenus à un accord verbal sur leurs parts respectives (cela devait rapporter dans les cent quatre-vingt-cinq livres par an, peut-être deux cents les bonnes années) ; mais l'oncle Giles n'était jamais sûr d'avoir bien touché ce qui lui revenait : aussi quand les temps étaient durs – cela se produisait tous les dix-huit mois environ – il entreprenait d'exercer des pressions dans l'intention d'extraire quelques livres de plus qui viendraient s'ajouter à sa part convenue. La répétition de cette tactique, que l'on oubliait un temps puis qui revenait comme les ulcères au duodénum de l'oncle Giles, provoquait chez mon père une intense colère ; et cela, joint au style de vie de mon oncle, avait fini par mettre un terme aux relations entre les deux frères.

« Comme tu ne l'ignores sans doute pas, dit l'oncle Giles, je dois à ton père une certaine somme. Rien d'extraordinaire. N'empêche que c'est gentil de sa part de m'en avoir laissé bénéficier. Bien des frères n'en auraient pas fait autant. Alors je voulais simplement lui annoncer que je me proposais de le rembourser. »

Cette proposition suggérait certainement un acte contre lequel n'apparaissait aucune possibilité d'objection ; mais mon oncle, peut-être par habitude, n'en abordait pas moins le sujet avec la plus extrême circonspection. « Simplement à cause des curateurs », ajouta-t-il une fois ou deux ; là-dessus, il s'embarqua dans des explications d'où il ressortait qu'il envisageait de se servir de moi pour présenter ses dernières suggestions concernant la revalorisation de ses revenus : le remboursement de sa vieille dette constituant ainsi une sorte d'appât vivant. Toutes les raisons antérieures éventuelles pour me faire jouer le rôle d'intermédiaire dans ces négociations, sous prétexte que mon père se trouvait encore à l'étranger, avaient été complètement anéanties par la nouvelle qu'il se trouvait en ce moment à Londres. Or l'entêtement dans certains domaines – en particulier pour tout ce qui touchait ce fidéicommis – constituait l'une des caractéristiques de l'oncle Giles. De plus, il n'aimait généralement pas trop admettre qu'une situation nouvelle pût modifier une décision qu'il avait prise. Il se lança donc dans une description complète des différentes clauses de ce fidéicommis, de ses difficultés personnelles actuelles, de la patience qu'il avait montrée dans le passé – aussi bien à l'égard de la famille que du monde en général – et des réformes qu'il envisageait pour l'avenir.

« Je ne suis pas un grand homme d'affaires, dit-il, je ne prétends pas être un maître de la finance ou quelque chose de ce genre. La seule formation que j'ai reçue a été celle de soldat et l'on sait ce qu'en vaut l'aune. N'empêche que j'ai acquis une certaine expérience de la vie. J'ai parcouru le monde et j'ai vécu à la dure. Peut-être ne suis-je pas aussi naïf que j'en ai l'air. »

Comme il disait cela, l'oncle Giles devint presque agressif, surtout pour un homme habituellement si réservé ; comme s'il s'attendait à me voir prétendre qu'en fait il était vraiment naïf ou bien, par suite de quelque défaut de caractère, incapable de gérer ses affaires. Bien au contraire, il me semblait dans son genre remarquablement bien équipé pour s'occuper de lui-même. De toute façon, il ne me serait pas venu à l'esprit de discuter le problème avec lui. Il ne me restait donc plus qu'à transmettre fidèlement ce dont il me chargeait. Sa maîtrise dans le récit de ses avatars ne se retrouve que chez les égoïstes de son espèce.

– *Quand même*, finit-il par déclarer à la fin d'un invraisemblable déballage de faits et de chiffres, il doit bien exister, j'imagine, ce que j'appellerai le sentiment de la famille?

Je marmonnai quelque chose.

– Après tout, il y a bien eu ce Jenkins à propos de qui s'est livrée cette guerre de l'oreille de Jenkins.

– Oui.

– Or nous descendons tous de lui.

– Pas directement.

– Collatéralement, alors.

– Cela n'a jamais été prouvé, n'est-ce pas?

– Ce que je veux dire, c'est que c'était un ancêtre et que cela devrait nous réunir.

– Eh bien, notre ancêtre, Hannibal Jenkins, de Cwm Shenkin, a payé la taxe sur les foyers en 1674.

Peut-être était-ce à juste titre, mais l'oncle Giles eut un geste pour chasser ce pédantisme – en particulier pour ce qui touchait aux généalogies – dans toutes ses formes innombrables; et sur ces entrefaites, il prit son chapeau. Puis il ajouta : « Je voulais simplement dire que ce n'est pas parce que je manifeste des opinions plutôt radicales qu'il faut du même coup en conclure que je n'accorde aucune valeur aux traditions.

– Naturellement.
– Ne va pas t'imaginer cela un seul instant.
– Pas le moins du monde.
– Alors tu en parleras à ton père?
– C'est entendu.
– Te donnera-t-on la permission de m'accompagner jusqu'à la gare?
– Non.

Nous descendîmes l'escalier ensemble. L'oncle Giles s'arrêtait à chaque marche pour fouiller quelque détail qu'il avait négligé dans sa démonstration antérieure. Ce qui ne laissait pas d'être gênant, car il passait des quantités d'élèves; je m'efforçais en vain de le faire se hâter. Nous trouvâmes la porte d'entrée verrouillée, et il fallut trouver Cattle, le portier, pour lui faire ouvrir la porte. Nous restâmes un moment à errer dans ces limbes qu'encombraient des paniers à linge et des tas de charbon, jusqu'à ce qu'enfin Cattle, à moitié endormi, fût enfin découvert dans le local aux chaussures. Personnage lourd et déplaisant, il alla déverrouiller la porte en rechignant, laissant entrer du même coup un nuage de brouillard. L'oncle Giles franchit le seuil et fourra la main dans la poche de son pantalon comme à la recherche d'une pièce de monnaie, il resta planté là un temps qui parut interminable perdu dans sa rêverie, puis il se ravisa et disparut dans le brouillard avec un brusque « Bonsoir ». Les ténèbres l'avalèrent immédiatement, et je restai debout sur les marches avec Cattle dont les grognements, interrompus aussi longtemps qu'il avait espéré voir quelque argent changer de main, avaient repris comme le grondement lointain de la circulation. Comme je gravissais lentement les marches, ses doléances s'estompèrent pour s'achever en grommellement ponctué par de laborieux claquements de serrures, de verrous et de chaînes.

En fin de compte, on ne saurait prétendre que la visite de l'oncle Giles laissait un souvenir ému. Il avait apporté avec lui la sensation fugace, toujours bienvenue dans une école, du monde extérieur : encore qu'il fallût évaluer le désordre apporté dans une école par ce qui permet d'évoquer la vie de famille, même sous la forme anémique et froide communiquée par la personne de mon oncle. C'était un parent : un être qui portait peut-être en lui un peu de cette essence qui fait de chacun de nous une entité séparée. Et quand je serai grand, est-ce que moi aussi j'allais me tourmenter au sujet de ce fidéicommis? La vie de l'oncle Giles était-elle amusante, ou cela ressemblait-il à un enfer permanent? C'étaient des questions à examiner. Et puis il faudrait sans doute que je m'excuse auprès de Stringham pour cette intrusion soudaine; ensuite, il faudrait que je me mette au travail prévu pour le week-end.

Arrivé devant la porte, j'entendis une voix geignarde à l'intérieur de la pièce. J'écoutai un instant : c'était Le Bas. Il n'avait pas l'air trop heureux. J'entrai. Le Bas était venu voir Templer, et maintenant il faisait toute une histoire à propos de cette fumée de cigarette.

« Mais voici Jenkins, Monsieur, qui vient de raccompagner son oncle jusqu'à la porte. »

Et il me jeta un coup d'œil, pour me faire comprendre que la balle était maintenant dans mon camp. Il faut dire que lorsqu'on arrivait du couloir, la pièce empestait véritablement la fumée. Et bien sûr, Le Bas n'avait pas l'air content du tout.

Il était grand, assez négligé de sa personne, chauve et le visage entièrement rasé, avec de grandes lunettes sans monture, ce qui lui donnait une allure étrangement teutonne : il ressemblait à un prêtre allemand. Lorsqu'il ôtait les lunettes en question, il avait l'habitude de se frotter vigoureusement les yeux du dos de la main, et c'est peut-être pour cela qu'il avait toujours les paupières rouges et irritées. A certaines occasions, et particulièrement quand il n'était pas content, il adoptait des attitudes extraordinaires, les jambes écartées et les poings sur les hanches; ou bien il se plantait au garde-à-vous, talons joints et la pointe des pieds écartées au maximum si bien qu'il semblait inévitable qu'il basculât et se flanquât par terre. En revanche, quand il était de joyeuse humeur, il se balançait sur le garde-feu, les pieds parallèles. Ces postures faisaient qu'il semblait appartenir à une espèce particulièrement stylisée, comme les dieux orientaux ou les valets des jeux de cartes. Il éprouvait des difficultés à prononcer les *r* et, un peu comme Widmerpool, il donnait l'impression de parler comme s'il tenait dans sa bouche un objet de la taille d'une noix. Afin de vaincre ce problème, il parlait très lentement avec beaucoup de précision. Il n'était pas marié.

– Stringham semble s'imaginer que vous serez à même, Jenkins, d'expliquer pourquoi cette pièce est pleine de fumée.

– C'est mon oncle qui est venu me voir, Monsieur, et il a malencontreusement allumé une cigarette.

– Et où est votre oncle?

– Je viens juste d'aller chercher Cattle pour qu'il lui ouvre la porte.

– Et comment était-il entré?

– Par la porte principale, Monsieur, j'imagine. Mais je n'en suis pas sûr.

Je vis Stringham, debout derrière Le Bas, mimer les mouvements d'un personnage en train de monter à la corde lisse, ensuite il se mit à battre des coudes comme quelqu'un qui vole, ces mimiques ayant sans doute pour but de représenter diverses façons de s'introduire en ces lieux que l'oncle Giles aurait pu utiliser.

– Mais la porte est fermée à clef!

– J'imagine que mon oncle a dû entrer avant que Cattle ne la verrouille, Monsieur.

– Vous savez parfaitement tous les deux (et il se tourna vers Stringham pour montrer qu'il le considérait comme complice) que les visiteurs n'ont pas le droit de fumer ici.

A sa voix, on devinait qu'il considérait cela comme un crime horrible. Sans que cela eût un rapport avec les ennuis que l'affaire n'allait pas manquer de nous causer, j'éprouvai un vif sentiment de regret de n'avoir pu surveiller davantage l'oncle Giles, car j'avais été élevé dans l'idée qu'en le laissant faire à sa tête, sa propre famille faisait preuve de la plus insigne faiblesse.

– Naturellement, dès qu'on lui a dit, Monsieur...

– Alors, pourquoi cette odeur?

Le Bas parlait comme si fumer était déjà suffisamment mal en soi et que, si les gens devaient fumer, on aurait pu au moins s'attendre à ce qu'ils se livrassent à cette occupation sans qu'il en résultât des émanations particulières. Stringham dit : « C'est peut-être le bout – le mégot –, Monsieur, qui a continué à se consumer. Ou alors c'était peut-être une cigarette turque. Je crois qu'elles ont une odeur plus forte que celles de Virginie. »

Il parcourut la pièce du regard, et souleva un coussin qui se trouvait sur une chaise, et le renifla en hochant la tête. Ce n'était pas ainsi qu'il allait arranger les choses. Le Bas détestait Templer, mais il ne nous avait jamais montré, à Stringham ou à moi, la moindre hostilité. Et même, il avait plutôt un faible pour Stringham, qui avait un don pour attribuer les citations dont, quand il était de bonne humeur, Le Bas aimait à émailler son discours. Cependant, comme tous les professeurs, en vieillissant, il se méfiait de tous les élèves de sa maison; non qu'il fût systématiquement hostile, encore qu'il se montrât sec et réservé, mais simplement à cause de la difficulté qu'il éprouvait à régler la vie quotidienne de créatures qui semblaient de moins en moins s'insérer dans un cadre commode et conventionnel. Ce fut ainsi que plus tard j'analysai l'attitude de Le Bas. Sur le moment, toute cette histoire à propos de la cigarette de l'oncle Giles fit que nous considérâmes Le Bas, Stringham et moi, comme un dangereux maniaque, qu'il convenait d'apaiser au plus vite, en s'efforçant de nous montrer plus malins que lui.

« Comment puis-je être sûr que vous n'avez pas également fumé? (Il dit cela avec un grand geste, comme pour balayer les objections que nous ne manquâmes pas d'exprimer immédiatement.) Comment pourrais-je le dire?

Il semblait à la fois furieux et désespéré. Il ajouta :

« Jenkins, il faudra que vous écriviez à votre oncle, en lui demandant de donner sa parole comme quoi ni vous ni Stringham n'avez fumé. »

– Mais j'ignore son adresse, Monsieur. Tout ce que je sais, c'est qu'il se rendait à Reading.

– En automobile?

– Par le train je crois, Monsieur.

– Balivernes, balivernes, reprit Le Bas. Vous ignorez l'adresse de votre oncle. Eh bien, demandez-la à vos parents, le cas échéant. Et je vais vous avoir à l'œil tous les deux jusqu'à ce que je reçoive cette lettre.

Il serra les poings et écarta légèrement les bras, comme un athlète qui va faire un bond, ou un danseur de ballet; et cette attitude tendue semblait symboliser la façon dont il allait concrétiser cette menace, tandis qu'il aspirait profondément, comme pour s'imbiber de cette odeur de saucisse et de tabac qui emplissait encore la pièce. On entendit alors le bruit d'une conversation, et des rires, dans le couloir. La porte s'ouvrit violemment et Templer surgit sur le seuil. Il s'arrêta court à la vue de Le Bas, chez qui Templer suscita immédiatement de nouvelles réactions.

– Tiens, Templer, vous voilà. Vous êtes allé à Londres, n'est-ce pas? A quelle heure est arrivé votre train ce soir?

– Il avait du retard, Monsieur, répondit Templer, l'air fort satisfait de lui-même, encore qu'il s'attendît à du grabuge; il ajouta en baissant un peu la voix : « Et comme je ne pouvais pas me payer un taxi, je suis rentré à pied, Monsieur. »

Il avait un visage mince et des yeux bleu clair qui scintillaient perpétuellement avec quelque chose de mécanique : dans un premier temps, c'était fascinant, ensuite cela devenait irritant, puis finalement on y voyait un élément inévitable de sa personnalité et l'on n'y portait plus intérêt. Il avait les cheveux sur le front et de grandes oreilles pointues comme celles qu'on attribue aux satyres, « race avec laquelle Templer se serait trouvé de nombreux intérêts en commun », comme l'avait fait remarquer Stringham, un jour où quelqu'un avait honoré les oreilles de Templer de cette comparaison classique. En ce moment ses yeux étincelaient comme les lumières d'un phare tandis qu'il regardait Le Bas : ils engagèrent alors le duel à propos de l'horaire des chemins de fer. Templer se battait avec adresse, mais il semblait inévitable qu'il dût admettre tôt ou tard qu'il avait pris un train plus tard que celui auquel l'autorisait le règlement. Mais Le Bas, chez qui oublier le sujet en cours était fréquent, sembla soudain perdre tout intérêt pour le train de Templer et son éventuelle heure d'arrivée (tout comme il venait d'abandonner pour le moment le problème soulevé par la cigarette de l'oncle Giles) ; et il s'en alla d'un pas vif en marmonnant quelque chose à propos de quelque version grecque improvisée. Nous en étions donc temporairement débarrassés. Templer s'assit dans le fauteuil.

– Serait-il entré pendant que vous fumiez? demanda-t-il. Avec l'odeur qui règne dans cette pièce, on pourrait croire qu'elle a servi d'écurie à des chameaux.

– Tu ne t'imagines pas que nous sommes assez

fous pour fumer ici, répondit Stringham. C'est l'oncle de Jenkins. Mais, mon cher Peter, pourquoi t'habilles-tu toujours comme si tu t'apprêtais à passer en revue une rangée de femmes nues en train de chanter « Dapper Dan was a very handy man », ou une œuvre tout aussi lyrique? Tu ressembles de plus en plus à une réclame de tailleur.

– Cela m'a semblé le style convenable pour Londres, répondit Templer, en examinant le drap de son complet. Et chaque détail a été soigneusement choisi, je te l'assure.

Stringham ajouta : « Si tu n'y prends pas garde, tu finiras par connaître le destin horrible de celui qui sait toujours exactement quels vêtements il faut porter, et le magasin où il convient de les acheter. »

Templer éclata de rire. Il possédait une sorte de désinvolture naturelle qui semblait devoir être mise en valeur par une attention particulière à ce qu'il portait : qualité qui en dernier ressort le sauverait peut-être du sort cruel dont Stringham menaçait ceux qui s'habillent avec trop de recherche. D'ailleurs, encore qu'il se moquât de lui en sa présence, Templer stimulait Stringham, peut-être même l'impressionnait-il un peu, encore qu'il répétât : « Peter Templer m'assomme avec cette affectation qu'il met à prétendre qu'il doit trouver le temps de fumer au moins une pipe par jour; de même qu'il ne m'a pas particulièrement impressionné quand il m'a fait voir la demi-bouteille de whisky vide qu'il avait déposée derrière la serre dans le jardin de Le Bas. » L'été précédent, Stringham et Templer avaient réussi à aller ensemble aux courses de chevaux un après-midi où il n'y avait pas cours, et cela sans se faire prendre. Ce genre d'aventures me dépassait un peu, mais cependant leur récit m'amusait. Comme je l'ai déjà dit, je n'étais pas encore très sûr d'éprouver vraiment de l'amitié pour Templer. Ses principaux sujets de conversation, c'étaient les vêtements, les filles, et les persécutions de Le Bas qui, constamment tourmenté par l'éventualité de se faire chahuter, avait tendance à se montrer inutilement désagréable dans tous les domaines susceptibles de provoquer une appréhension particulière. En outre, on ne pouvait prétendre que Templer fît honneur à notre maison. Il ne valait pas grand-chose dans les sports que l'on pratique dans les écoles (encore que sa morphologie en fît un bon joueur de tennis et de golf) si bien qu'il se trouvait en position d'infériorité, car en plus il était plutôt paresseux, en face des attaques prolongées du maître de maison. Si bien que Templer était constamment victime de petites histoires. Et naturellement, cette affaire de train allait être exploitée par Le Bas.

« Enfin, dit Stringham, tout cela semble envolé pour le moment. N'empêche que tu pourrais surveiller ton oncle d'un peu plus près, Jenkins! »

J'expliquai que l'oncle Giles était réfractaire à toute discipline, et que ses apparitions étaient régulièrement suivies de catastrophes. Templer dit : « J'imagine que Le Bas va continuer à m'empoisonner avec son train. Savez-vous que dans le temps j'étais son chouchou, alors que maintenant son idée fixe semble être de me faire flanquer à la porte?

– Il devrait y arriver tôt ou tard grâce à ton aide, dit Stringham. Après tout, il n'est pas complètement idiot, encore qu'il s'en faille de très peu.

– On prétend qu'il a été de première force en aviron, de son temps, dit Templer. Toujours est-il qu'il a remporté les Diamond Sculls. Cela dit, sa gloire passée à Henley ne le rend pas plus agréable comme maître de pension.

– Dans la vie, il a commencé comme poète, dit Stringham. Vous saviez cela? Il y a des années de cela, comme il revenait de vacances en Grèce, il a écrit des poèmes qu'il trouvait épatants. Il les a montrés à une ou deux personnes qui lui ont fait remarquer qu'en fait, ils ne valaient pas un clou. Eh bien, Le Bas ne s'en est jamais remis.

– Je n'arrive pas à imaginer quelque chose de plus épouvantable qu'un poème de Le Bas, dit Templer, encore que ça m'étonne qu'il n'oblige pas ses élèves à les apprendre par cœur.

– A qui les a-t-il montrés? demandai-je.

– Oh! je l'ignore! répondit Stringham. Henry James, ou Robert Louis Stevenson, enfin, quelqu'un comme ça.

– Qui diable t'a raconté cela?

– Un vieux monsieur qui est venu déjeuner. Il doit être ambassadeur quelque part, ou alors il l'a été. Il fréquentait la même bande que Le Bas. Il prétend que dans sa jeunesse, Le Bas était un individu plein de promesse, bon en tout.

– Je ne le vois pas réussissant avec les filles, dit Templer.

– Peut-être pas, dit Stringham. Mais tout le monde ne peut pas partager ton idée fixe. Au fait, pensez-vous que Le Bas possède une vie sexuelle quelconque?

– En ce qui concerne Le Bas, je n'en sais rien, dit

Templer qui, visiblement, bouillait d'impatience depuis son retour pour nous communiquer une affaire d'importance à son propre sujet, mais pour mon propre compte, oui. Et si j'ai pris un train plus tard, eh bien, c'est que j'étais avec une fille.

– Eh bien, mon cochon!

– Ça, tu peux le dire.

– Il va sans doute falloir qu'on s'envoie le récit, dit Stringham. N'épargne pas ma pudeur : vous seriez-vous donné la main au cinéma? Où l'as-tu rencontrée?

– Dans la rue.

– Tu veux dire que tu l'as levée?

– Oui.

– Blonde ou brune?

– Blonde.

– Et comment cela a-t-il commencé?

– Elle m'a souri.

– Bref, une putain.

– D'un sens, peut-être, dit Templer, mais jeune.

– Tu sais, Peter, tu es exactement le type de garçon dont mes parents m'ont dit de me méfier.

– Je suis allé à son appartement.

– Comment t'en es-tu tiré?

– Ça a plutôt été un succès; sauf que le parfum qu'elle utilise est absolument asphyxiant. J'avais un peu peur que Le Bas ne le remarque sur mes vêtements.

– Pas après la cigarette fumée par l'oncle de Jenkins. Comment cet appartement était-il meublé?

– Plutôt sordide, je dois l'admettre, répondit Templer. Mais on ne peut pas tout avoir pour une livre.

– Rien de munificent, dis donc.

– C'était tout ce qui me restait. C'est pour ça que j'ai dû venir de la gare à pied.

– Tu me sembles t'être conduit comme ce que Le Bas appellerait « un jeune homme fort malavisé ».

– Je ne vois pas pourquoi Le Bas s'inquiéterait de cela, s'il n'a pas remarqué le parfum.

– Quelle sordide aventure! dit Stringham. Là-dessus, les détails.

– Tu n'es pas obligé de les entendre.

– Mais nous le voulons.

Templer était donc en train d'entrer dans les détails, lorsque Le Bas est revenu. Il semblait extrêmement agité, et dit : « Templer, je veux que vous veniez me montrer dans l'horaire quel train vous avez pris. J'ai téléphoné à la gare et ils m'ont dit que le train que vous auriez dû prendre n'avait pas de retard. Quant à vous, Jenkins, n'oubliez pas que j'attends cette lettre de votre oncle, avant la fin de la semaine. Vous feriez bien de lui rappeler cela, Stringham, car il est également dans votre intérêt que cette affaire soit éclaircie.

Et il s'engouffra dans le couloir, avec Templer qui le suivait d'un pas plus modéré. Stringham dit : « Ce Peter est complètement cinglé. Tôt ou tard, il va finir par se faire jeter à la porte. »

Bien qu'elle fût incomplète, l'histoire de l'escapade londonienne de Templer – qu'il allait nous resservir d'innombrables fois – avait suffisamment amplifié les faits pour que sa signification ne pût nous échapper, ni à Stringham ni à moi. C'était un coup d'œil à travers cette porte mystérieuse qui, fermée jusque-là, semblait maintenant entrouverte.

C'était comme si les bruits d'un conflit lointain, ou l'écho assourdi d'une musique, de cris, que nous n'avions que devinés jusque-là, s'étaient soudain rapprochés. Stringham sifflotait, un petit sourire errant sur ses lèvres. Je crois qu'il devait se sentir un peu mal à l'aise, maintenant que Templer avait sur lui une longueur d'avance. Il n'ajouta rien sur le sujet : et quant à moi, je n'avais rien non plus à ajouter, avant d'avoir un peu retourné tout cela dans ma tête.

Templer revint au bout d'un petit moment. Il dit : « Quelle barbe, ce Le Bas ! Je crois bien qu'il va écrire à mon père. Et je n'ai vraiment pas besoin d'ennuis en ce moment.

– Il semble avoir été pris d'une passion pour envoyer des lettres dans toutes les directions, dit Stringham. Cependant, je me crois capable de venir à bout de ces mesquines attaques. En attendant j'aimerais connaître la suite de ce malheureux incident que tu avais entrepris de nous narrer avec un tel luxe de couleurs. Mais commençons par le commencement, s'il te plaît.

Cet épisode, que Stringham s'acharna à appeler « la malheureuse aventure de Templer », encore qu'il n'eût rien de passionnant en lui-même, cristallisa cependant l'impression que j'avais du caractère de Templer : un peu comme le spectacle de Widmerpool rentrant de son « entraînement » avait gravé de lui une certaine image dans mon esprit, peu différente de celle que j'avais déjà, mais plus nette. L'aventure de Templer montrait jusqu'où il était capable d'aller et son comportement, qui jusque-là m'avait souvent paru montrer de sa part un goût de la provocation inutile et parfois même fatigant, vint s'harmoniser avec une expérience plus vaste et différente. J'éprouvai soudain davantage d'amitié pour lui. Il semblait que son personnage eût trouvé sa place. Et il était indéniable qu'il avait le sentiment d'avoir franchi une étape; ce qui explique sans doute qu'il devint un ami plus reposant et plus agréable. Au bout d'un certain temps, mais cela dura quand même jusqu'à la fin du trimestre, Le Bas se résigna à une sorte de compromis à propos de cette affaire de train : Templer reconnut qu'il avait eu tort de ne pas rentrer plus tôt, tout en prouvant qu'il avait pu raisonnablement être égaré par des changements dans l'horaire. Le Bas sauvait la face, et Templer s'en tira avec un avertissement. Quant à la cigarette de l'oncle Giles, l'affaire se prolongea après le Nouvel An. La défaillance de l'oncle Giles semblait avoir provoqué chez Le Bas l'idée que Stringham et moi développions une tendance, aussi pernicieuse que chez Templer, à contrevenir au règlement; et comme il l'avait promis, il réussit à se montrer extrêmement désagréable pour nous de toutes sortes de façons. J'écrivis deux fois à l'oncle Giles, sans grand espoir de réponse. Des mois plus tard, ma seconde lettre me revint de sa dernière adresse connue avec la mention « Parti sans laisser d'adresse » : comme si – ce fut la remarque de Stringham – mon oncle avait été un renard. Le Bas se contenta de cette enveloppe; mais il ne fut plus jamais le même avec Stringham et moi, et l'aggravation de ses relations avec Stringham devait amener à l'affaire « Braddock *alias* Thorne », qui, curieusement, devait révéler un autre aspect de Widmerpool, encore qu'il n'y jouât qu'un rôle subalterne.

Cet incident plutôt absurde, et qui ne fit honneur à personne, se déroula l'été suivant. Stringham, Templer et moi faisions toujours table commune; et ils faisaient tous les deux tellement partie désormais de ma vie à l'école qu'il me semblait étrange d'avoir pu me demander s'ils me conviendraient; cependant Stringham restait celui avec qui j'avais le plus en commun. Même aujourd'hui j'ai le sentiment d'avoir longtemps vécu avec eux, alors que nous restâmes tous les trois ensemble moins de dix-huit mois. Leur comportement symbolisait deux aspects différents de la vie, malgré l'apparente similarité de leurs goûts. Pour Templer il n'existait de vérité que dans les choses tangibles, encore qu'il ne fût pas ambitieux. Stringham, je le vois maintenant, était romanesque, et peut-être aurait-il préféré jouer un autre rôle que celui auquel une humeur changeante et le goût de l'excentricité le condamnaient. Personnellement, je n'avais pas conscience à l'époque d'une tendance particulière. Les jours passaient, et ce n'est que plus tard que leur commentaire inexorable pourrait être enregistré; et, absurde par certains aspects comme le fut l'affaire Braddock *alias* Thorne, elle a sa place, peu admirable au demeurant, dans mes souvenirs de Stringham en particulier.

Tous les trois, nous étions partis nous promener par un après-midi d'été et nous marchions un peu au hasard sous la chaleur; Stringham et Templer n'avaient pas été d'accord sur la direction à prendre. Comme nous passions devant le commissariat de police, où nous avions fini par arriver toujours sans but précis, Stringham s'arrêta pour lire les affiches collées à l'extérieur : là, parmi divers avis concernant des chiens perdus, des bijoux volés, et la propagation de la fièvre aphteuse, on voyait la photographie d'un homme recherché pour escroquerie. Il s'appelait « Braddock *alias* Thorne », et ce portrait montrait un visage flou, sans signes particuliers, le genre que l'on trouve généralement dans les réclames montrant des personnes qui témoignent que telle spécialité pharmaceutique les a débarrassées de leur excès d'acide urique, ou que l'application d'un remède plus efficace leur a permis de se dispenser du port d'un bandage herniaire. Le texte sous la photographie disait que Braddock *alias* Thorne (il semblait avoir commis un nombre impressionnant de délits mineurs) était un homme d'aspect respectable, sans doute vêtu d'un complet noir. L'identification n'était guère facilitée par cette photographie, qui montrait un criminel à lunettes d'un certain âge, chauve, apparemment capable de n'importe quel forfait. Stringham fit remarquer qu'il ressemblait au président Woodrow Wilson, et Templer ajouta : « Plutôt à Le Bas. »

« Plus poétique », dit Stringham, qui adorait évoquer cet aspect de la personnalité de Le Bas ; il avait fait de notre maître de pension un personnage qui passait tous ses instants de loisirs à griffonner des vers à l'aide d'un dictionnaire de rimes. Il ajouta : « Il existe une certaine distinction chez Braddock *alias* Thorne, que l'on ne retrouve absolument pas chez Le Bas. »

« Allons-nous passer l'après-midi à contempler cette affiche ? demanda Templer. C'est aussi passionnant que le panneau d'affichage de l'école ! Allons quelque part où je puisse fumer ma pipe. Il n'y a rien à faire en ville un dimanche. »

Nous revînmes donc vers les champs en repassant devant l'école, puis nous arrivâmes devant des prairies desséchées parsemées de cerfeuil sauvage poussiéreux. Nous étions encore sur la route quand apparut devant nous la silhouette de Widmerpool; il avançait sous le soleil, balançant les bras et les jambes comme un automate dont le mécanisme aurait été légèrement déréglé. Nous le suivîmes un certain temps, avec Stringham qui faisait une imitation de la façon dont Widmerpool posait les pieds sur le sol. Par une peur absurde de la gêne que cela provoquerait chez moi si Widmerpool se retournait soudain et découvrait l'étrange pantomime de Stringham, je suppliai ce dernier d'arrêter son numéro. Je ne sais trop pourquoi, j'éprouvais un bizarre intérêt pour Widmerpool depuis que je l'avais rencontré ce soir-là dans le brouillard; certes, l'imitation de Stringham était parfaite dans son ridicule, mais l'idée que Widmerpool pût la voir m'était désagréable; cependant, cela m'ennuya presque de quitter la route et de laisser Widmerpool disparaître au loin dans un nuage de poussière.

– Je me demande ce que je deviendrais sans Widmerpool, dit Stringham. Il me garde jeune.

– Il y a des moments où je me demande si c'est vraiment un être humain, ajouta Templer. Il n'en a certainement pas les mouvements.

Nous atteignîmes les pâturages derrière la ligne de chemin de fer, et Templer alluma son horrible brûle-gueule; nous marchions en discutant de l'âge des Dolly Sisters : Stringham prétendait que l'une était la mère de l'autre. Le soleil était trop brûlant pour que nous traversions directement la prairie et nous longions les haies, où il y avait un peu d'ombre. La discussion continuait, animée, Templer réfutant la théorie de Stringham, quand passant sous des arbres nous atteignîmes un talus couvert de buissons, qui nous séparait du champ voisin. La route se trouvait déjà loin. Stringham et Templer cessèrent de se disputer à propos des Dolly Sisters, et ils se précipitèrent en courant vers l'obstacle. Stringham y arriva le premier, et disparut de l'autre côté, d'où jaillit une sorte de cri, ou d'exclamation. Comme Templer arrivait au sommet, je le vis ôter vivement la pipe de sa bouche avant de sauter. J'atteignis tranquillement la pente, derrière les deux autres puis, parvenu en haut de la crête, je les vis au pied du talus, la dénivellation était d'une profondeur inattendue. Et en contrebas dans le champ, Stringham et Templer étaient en train de parler avec Le Bas, qui était allongé sur le sol, appuyé sur un coude.

Stringham était penché en avant et parlait avec animation. Templer avait réussi à fourrer sa pipe dans sa poche, ou bien il la cachait dans le creux de sa main, car lorsque j'arrivai au niveau du champ, elle avait disparu, mais son odeur âcre de moisi – il affectait à ce moment-là de fumer un gros tabac épais – envahissait parfois l'air surchauffé, montrant que le tabac était toujours en combustion dans les environs. Le Bas tenait un petit livre bleu à la main. Le livre était ouvert. Je vis à la typographie que c'étaient des vers. Il avait accroché son chapeau à sa canne, plantée dans le sol, et il y avait des gouttes de sueur sur le sommet de son crâne chauve. Il était tapi à la façon de quelque gros animal – une bête d'une espèce tout à fait étrangère au paysage anglais, un yak, ou un lion de mer – vautré dans l'herbe : gâchant, comme Stringham devait le dire par la suite, la beauté de cet après-midi d'été. Cependant, Le Bas semblait être plutôt de bonne humeur. Il était en train de dire à Stringham : « Je me demande si je dois tolérer cette invasion de mon coin favori. Ne pouvez-vous donc pas tous comprendre que si je viens ici c'est pour y être à l'abri de gens comme vous, ou Jenkins, ou Templer? Pour une fois, je cherche la paix et le calme : sans être entouré de mes élèves. »

« C'est un joli endroit, Monsieur », dit Stringham en souriant, sans pour autant se laisser aller à manifester tout de suite des intentions trop amicales.

Le Bas revint soudain à son livre et commença à lire de sa voix précise et gutturale :

Ah! Laisse la fumée, la richesse et le bruit
De Londres, et ses rues animées,
Sur le rivage sicilien
Le murmure de la mer est doux,
Le soleil de l'été salue
Le tombeau rocheux d'Helikê,
Et les bergers chantent encore
Près des vagues bleues de la mer.

Théocrite! Tu peux ranimer
Les années aimables envolées;
Vivons ainsi comme jadis,
Au bord de ces ondes courantes,
Puis à contrecœur nous irons
De par le monde – car il le faut –

Il nous faut quitter la Sicile
Près des vagues bleues de la mer.

Il ferma le livre d'un coup sec, et demanda : Eh bien, l'un d'entre vous peut-il me dire qui a écrit cela ? »

Nous fîmes diverses suggestions – de façon caractéristique, Templer opta pour Shakespeare – puis Stringham dit : « Matthew Arnold. »

« Pas mal, dit Le Bas. C'est Andrew Lang, en fait. De bien beaux vers. »

Il s'échappa une autre bouffée fétide de la pipe de Templer. Il semblait impossible que Le Bas ne finît pas par remarquer qu'une pipe fumait quelque part près de lui. Cependant, il semblait lancé sur son sujet, et ajouta : « Il existe des vers descriptifs par Arnold qui présentent le même mètre et dont vous avez peut-être gardé le souvenir, Stringham, des choses comme :

Les nuages recouvrent l'Oberland,
La neige fine la Jungfrau,
Mais les champs sont verts près de moi
Que traversent les eaux de l'Aar.

« Bien sûr, la situation géographique est différente, mais on retrouve la même façon d'évoquer la mélancolie à travers la description graphique des éléments naturels d'un paysage. » Stringham dit : « Cet Andrew Lang me fait penser à :

O, voix de Perséphone!
Dans ces sombres prairies désolées
Te souviens-tu de la Sicile?

« Vous connaissez cela, Monsieur? Je ne sais plus

comment cela continue, mais les vers se répètent. »

Cela sembla mettre Le Bas un peu mal à l'aise. Il semblait évident que Stringham avait fait quelque chose qui lui déplaisait. Il dit d'un ton rogue : « C'est une villanelle. C'est d'Oscar Wilde, non? Un versificateur sans grand talent. »

Abandonnant rapidement ce qui semblait être un terrain hostile, Stringham reprit : « Et alors Héraclite... »

Ces paroles produisirent un effet instantané. Le visage de Le Bas s'éclaira et il entama, avec plus d'éclat encore :

Tes voix sont douces, et l'on entend les rossignols,
Car la mort, qui emporte tout, ne peut les prendre.

« Je crois que vous avez raison, Stringham. Bien. Très bien. En fait, A+. On y retrouve toute la nostalgie du XIXe siècle pour un âge classique en grande partie imaginaire. »

Le Bas ôta ses lunettes, soupira puis, comme à son habitude, se mit à se frotter les paupières, qui semblaient plutôt moins enflammées que d'ordinaire.

« J'ai cherché Héraclite dans le dictionnaire classique, Monsieur, et j'ai été assez surpris d'apprendre qu'il se nourrissait principalement d'herbe et qu'il habitait un tas de fumier. Je comprends après cela qu'il ait eu envie d'être invité si c'est ainsi qu'il vivait chez lui, mais je ne pense pas qu'on devait tellement le solliciter. C'est vrai qu'ensuite, on ne devait pas facilement l'oublier. »

Cette remarque plongea Le Bas dans le ravissement. Il éclata de rire, ce qui chez lui était particulièrement rare : « Splendide, Stringham, splendide. Vous avez confondu l'ami de Callimaque avec un philosophe qui a probablement vécu deux siècles plus tôt. Mais je suis bien de votre avis, si les habitudes de cet autre Héraclite étaient bien comme vous les décrivez, cela ne devait guère encourager l'hospitalité. »

Il rit énormément, et ç'aurait été le bon moment pour le quitter et poursuivre notre chemin. Nous aurions sans doute échappé ainsi à de nouveaux ennuis si Templer – trouvant sans doute que Stringham avait trop occupé la scène – ne s'était mis à fixer Le Bas en clignant de ses yeux étincelants, dans une sorte de code Morse, disant en même temps de sa voix naturellement rauque : « Je crois bien que nous avons failli vous tomber dessus, Monsieur. »

Le visage de Le Bas se rembrunit immédiatement. De toute façon, la remarque était déplacée, et Templer avait réussi à dire cela d'un ton hostile qui donnait quelque chose de menaçant à ce propos, et qui reflétait sans doute l'état de guerre permanente avec Le Bas. Résultat de cette remarque, Le Bas se lança dans un interminable discours, et qui n'avait strictement aucun rapport, sur un procédé de son invention pour empêcher qu'on ne volât des livres sur la table du hall : un de ses moyens favoris pour briser le moral des élèves dont il avait la charge. Ce ne fut donc qu'au bout d'un certain temps que nous pûmes nous échapper, et là-dessus Le Bas retourna à son volume de vers. Dieu merci, la pipe semblait s'être éteinte vers la fin de la harangue de Le Bas, à moins que son odeur n'eût été absorbée par la puanteur de l'usine à gaz, absente en début d'après-midi et qui se manifestait à nouveau.

Derrière la haie suivante, Templer sortit la pipe de sa poche et la tapa contre son talon.

– Eh bien, nous l'avons échappé belle, dit-il. Je me suis brûlé la main sur cette sacrée pipe. Pourquoi diable fallait-il que tu te lances dans la poésie?

– Comment Le Bas n'a-t-il pas remarqué l'épouvantable puanteur dégagée par ta pipe, voilà qui restera toujours un mystère, dit Stringham. Il doit avoir l'odorat déficient – c'est sans doute les végétations. Mais alors pourquoi a-t-il fait toute cette histoire à propos de la cigarette de l'oncle de Jenkins? Intéressante question.

– Mais enfin, Héraclite, ou le type en question, dit Templer. C'était complètement inutile!

– Héraclite l'a mis de bonne humeur, dit Stringham. C'est en menaçant de lui sauter dessus que tu as tout gâté.

– Non, c'est d'avoir parlé d'Oscar Wilde.

– Balivernes.

– Quoi qu'il en soit, dit Templer, Le Bas m'a complètement gâché mon après-midi. Rentrons.

Stringham était d'accord, et nous suivîmes un chemin herbeux bordé de champs de navets. Un peu plus loin, le chemin se rétrécissait et traversait des jardins ouvriers parsemés ici et là de bicoques. Après avoir escaladé une barrière, nous nous retrouvâmes sur la route. De l'autre côté il y avait un garage avec un appentis, quelques tables et des chaises de fer. Un écriteau proposait « Thé, Eaux

Minérales, Boissons Gazeuses. » L'endroit était sinistre. Stringham proposa : « Si nous nous arrêtions ici pour prendre une boisson rafraîchissante? »

Templer et moi fûmes immédiatement contre la fréquentation d'un établissement aussi peu engageant, dont l'extérieur n'avait décidément rien qui le recommandât. Le dimanche, toutes les boutiques étaient interdites aux élèves, et apparemment il n'y avait aucune raison pour courir le risque de se faire attraper dans un endroit pareil, surtout qu'il était fort possible que Le Bas décidât de prendre cette route pour rentrer à l'école. Cependant, Stringham insista tellement qu'il finit par nous persuader de le suivre. La salle était vide. Une fille avec un tablier crasseux et des cheveux courts mal coiffés arriva du fond où un phonographe jouait :

Everything is buzz-buzz now,
Everything is buzz, somehow.

La fille s'approcha de nous à contrecœur. Stringham commanda des bières au gingembre. Templer dit : « C'est vraiment un endroit épouvantable. Et en plus, j'ai horreur des sodas. »

Nous étions assis à une des tables en fer, recouverte d'une nappe aux taches brunes. La musique s'arrêta, l'aiguille continua à gratter jusqu'à ce qu'enfin le ressort fût détendu et que le mécanisme s'arrêtât. Stringham demanda à la fille s'il y avait le téléphone. Elle parla à quelqu'un que l'on ne voyait pas et qui devait être encore plus loin que le phonographe; la voix d'une femme plus âgée se mêla à la discussion. Puis la fille revint et dit à Stringham qu'il pouvait se servir du téléphone qui se trouvait dans le bureau du garage, s'il voulait bien la suivre. Stringham la suivit. Templer dit : « Que diable se passe-t-il donc? Il n'essaierait pas de se faire cette créature? »

Nous bûmes nos bières au gingembre.

« Qu'est-ce qu'il peut bien avoir dans la tête? demanda Templer au bout de quelques minutes, j'espère qu'en sortant d'ici nous n'allons pas tomber sur Le Bas.

Nos verres finis, Templer essaya en vain de faire la conversation à cette fille, lorsqu'elle revint pour débarrasser une autre table de ses verres et de ses assiettes. Puis Stringham réapparut, apparemment pressé, le visage empourpré contrairement à sa pâleur habituelle. Il vida son verre d'un trait et dit : « Bon, eh bien, allons-nous-en. Je vais régler cela. »

Une fois sur la route, Templer dit : « D'abord, tu nous pousses de force dans cet endroit épouvantable; ensuite tu nous jettes dehors. Que se passe-t-il donc? » Et Stringham répondit :

– Je viens d'avoir la police.

– A quel sujet?

– A propos de l'affaire Braddock *alias* Thorne.

– Qui ça?

– Ce type qui est recherché pour escroquerie.

– Et alors?

– Pour les renseigner sur ses pérégrinations.

– C'est une plaisanterie?

– Oui.

– Et où leur as-tu dit de chercher?

– Dans un pré derrière la voie de chemin de fer.

– Pourquoi?

– Réfléchis.

– Le Bas?
– Pas mal, tu ne trouves pas?
– Et qu'ont-ils dit?
– J'ai téléphoné en prétendant être Le Bas en personne, ajouta Stringham, je leur ai dit qu'un homme dont la description correspondait assez bien à la mienne était en train de laisser en ville des factures dans différentes boutiques où j'ai justement des comptes : et que je savais de source sûre que cet individu s'était trouvé quelques minutes auparavant à l'endroit que j'ai décrit.
– Et la police a avalé ça?
– Ils m'ont demandé d'aller jusqu'au commissariat. j'ai prétendu me mettre en colère devant ce temps perdu et, dans un éclat tout à fait dans le style de Le Bas, j'ai répondu que je devais justement m'adresser aux candidats à la confirmation (encore qu'autant que je m'en souvienne ce n'est pas du tout la saison des confirmations), que j'étais déjà en retard et que je devais partir immédiatement; enfin que si l'on n'arrêtait pas cet homme, la police en serait responsable.
– Eh bien, j'imagine que cela va faire une jolie histoire, dit Templer. Encore qu'il faille admettre que l'idée n'est pas mauvaise. En attendant, nous ferions mieux de rentrer le plus vite possible à l'école pour mettre au point un alibi.

Nous rentrâmes d'un bon pas en suivant la route que Widmerpool avait traversée quand je l'avais rencontré qui revenait de son entraînement à la fin de l'année précédente : aujourd'hui le goudron ramolli par la chaleur de l'été s'enfonçait sous nos pas. L'intérieur du bâtiment était paisible et relativement frais. Templer qui, ces temps-ci, avait abandonné sa règle de ne jamais rien lire pour le plaisir, prit *Sanders on the River*, tandis que Stringham et moi discutions de ce qui allait probablement se passer si la police décidait d'entrer en action à la suite du coup de téléphone.

Nous restâmes assis là jusqu'à ce que la cloche de la chapelle commençât à tinter pour la prière du soir.

« Bon, dit Stringham, et si nous allions aux nouvelles ? »

Au pied de l'escalier, nous rencontrâmes Widmerpool dans le vestibule. Il arrivait juste et semblait très surexcité. Comme nous passions, et contrairement à ce que j'attendais de lui, il adressa la parole à Stringham, celui dont l'âge était le plus voisin du sien, de sa voix la plus aiguë : « Dis donc, sais-tu que Le Bas vient de se faire *arrêter* ? »

Il était debout dans l'ombre du vestibule près de la table qu'encombraient les paquets, les manuels aux pages cornées, les croûtons de pain – lieu dont l'assainissement tant moral que physique suscitait l'activité cérébrale incessante de Le Bas – et il restait là les pieds écartés et les yeux ronds, haletant, selon l'expression de Templer, comme un chien de salon sur le retour; son aspect suggérait quelque créature bizarre, née peut-être des profondeurs de ces ténèbres, éventuellement amphibie, encore qu'elle appartînt sans doute principalement à cet univers terrestre de couvertures et de phénol : odeurs qui atteignaient leur maximum d'intensité en ce lieu, où elles se mélangeaient à celle du ragoût qui, venue du territoire des paniers à linge et du charbon, s'épanouissait dans toute sa splendeur sur les premières marches de l'escalier.

Stringham se tourna vers Widmerpool :

– Cela ne m'étonne pas, dit-il d'une voix glaciale, mais comment est-ce arrivé?

– Je rentrais de promenade, dit Widmerpool, baissant la voix malgré sa vive agitation, comme si, faisant ainsi référence à l'une de ses habitudes intimes, il abordait du même coup quelque sujet particulièrement sacré, je rentrais donc de promenade, répéta-t-il en insistant sur les mots, quand, comme je traversais tranquillement un des prés qui bordent la voie de chemin de fer, j'ai vu Le Bas allongé sur le sol en train de lire un livre.

– J'espère, Widmerpool, que tu n'étais pas en train de fumer, dit Templer.

Widmerpool ignora cette interruption, et continua :

« J'ai remarqué alors un agent de police qui traversait le pré en direction de Le Bas. Lorsque cet agent de police – c'était un gros bonhomme – est arrivé à côté de Le Bas, il a semblé chercher quelque chose dans son carnet. D'abord, Le Bas a eu l'air très surpris. Puis il a commencé à se lever. Il a dû se prendre le pied dans quelque chose, parce qu'il est tombé. Naturellement, l'agent de police a cru que Le Bas essayait de se sauver.

– Et qu'est-ce qui est arrivé quand Le Bas est tombé? demanda Stringham.

– L'agent de police l'a pris par le bras.

– Il lui a passé les menottes?

– Non, mais il l'a empoigné plutôt rudement.

– Et qu'a dit Le Bas?

– Je n'ai pas pu entendre. Il avait l'air de faire une histoire épouvantable. Et vous savez comme il se met à bégayer quand il est en colère.

– Alors l'agent de police l'a emmené?

– Qu'a-t-il bien pu faire?

Widmerpool semblait accablé à l'idée que l'on avait pu arrêter son maître de pension. Stringham lui demanda :

– Et est-ce que quelqu'un d'autre a vu cela?

– Un soldat et une fille qui sont sortis d'un fossé et qui les ont regardés s'en aller.

– Est-ce que Le Bas t'a remarqué?

– Je suis resté derrière la haie. Je ne tenais pas à être mêlé à une situation gênante.

– Sage réaction, Widmerpool, dit Stringham, mais as-tu raconté ce que tu as vu à quelqu'un d'autre?

– Seulement à F.F. Fletcher et à Calthorpe Major. Je les ai rencontrés en revenant. Qu'a bien pu faire Le Bas?

– Tu prétends donc l'ignorer? dit Stringham.

Widmerpool sembla déconcerté. Comme il nous racontait son aventure, sa respiration était devenue plus paisible, mais voilà qu'il se mit à souffler comme une locomotive qui monte en pression.

– Que veux-tu dire? demanda-t-il.

– Je ne veux rien dire, répondit Stringham, sauf que cela ne me surprend pas particulièrement.

– Mais dis-moi ce que tu en penses.

Il y avait dans la voix de Widmerpool quelque chose de presque suppliant.

– Écoute, Widmerpool, dit Stringham, je suis désolé. Si tu n'as personnellement rien remarqué au sujet de notre maître de pension, ce n'est pas mon rôle de te mettre au courant. Tu es plus ancien que moi, et tu dois assumer des responsabilités supplémentaires à cause de cela. Ce n'est pas à moi de répandre les scandales à l'avance. Je crains bien que nous entendions tous parler de Le Bas par les journaux assez tôt comme cela.

Nous laissâmes Widmerpool sur ses marches : il avait tout du poisson que l'on vient de sortir de l'eau, et qui fait des efforts désespérés mais vains pour respirer.

« Ce garçon me fera mourir », dit Stringham, comme nous remontions rapidement l'allée.

La plupart des élèves qui déambulaient devant la chapelle sur les pavés, tandis que les maîtres s'efforçaient de les pousser vers l'intérieur, étaient déjà au courant de l'arrestation de Le Bas, mais seul Calthrope Major, fort de l'information communiquée par Widmerpool, semblait avoir déjà eu le temps d'en informer sa famille : « Je me suis tout de suite installé pour écrire chez moi que Le Bas avait enfin été expédié en prison, dit Calthorpe Major. Il ne leur a jamais plu. Il a eu son *Leander* en même temps que mon père. J'ai promis de leur donner des détails sitôt que j'en aurai. » Et il alla répéter son histoire à ses amis qui n'étaient pas encore au courant de la nouvelle. Stringham se frayait également un chemin à travers la foule des garçons, rassemblant diverses versions de la scène qui s'était déroulée. Elles étaient fort nombreuses. Le tintement de la cloche se fit plus impatient puis s'arrêta brutalement dans une sorte d'explosion sonore comme l'horloge se mettait à sonner. Nous fûmes emportés en haut de l'escalier.

Stringham dit : « Je crains bien que tout cela n'ait pas été du meilleur goût, et d'un sens je regrette d'y avoir participé. Mais comment résister à ses impulsions ? »

Sous les hautes voûtes, l'air semblait presque glacial après la chaleur de la cour, et cependant le soleil du soir inondait la chapelle à travers les vitraux. Ces rangées de garçons, énervés mais silencieux, faisaient naître comme toujours une atmosphère d'attente impatiente avant que le service ne commençât. L'orgue bourdonna doucement pendant quelque temps, puis son mugissement s'amplifia : il s'arrêta tout à coup, puis reprit plus bas, pour rester ainsi un moment dans le même registre. L'émotion intense semblait se perdre dans une sorte d'indifférence, peut-être même de cruauté, entre ces antiques murailles. La jeunesse et le temps semblaient être parvenus ici à une sorte de compromis. Le Bas arriva en retard, juste avant les chœurs, et il se dirigea vers sa stalle d'un pas incertain, sous le dais néo-gothique de bois sculpté. Il avait le visage défait, le crâne rouge et luisant, et sembla à plusieurs reprises marmonner tout seul.

Cobberton, un autre maître de pension, qui était pasteur, assis à l'autre extrémité de la nef, le regardait fixement à travers ses lunettes cerclées d'or, les lèvres serrées et les sourcils en accents circonflexes. Les relations entre Le Bas et lui étaient particulièrement tendues et, par un heureux ou malheureux hasard, il se trouvait que c'était finalement ce Cobberton qui avait pu confirmer l'identité de Le Bas auprès de la police. Ce fut Cobberton en personne qui révéla cela par la suite, ajoutant que l'agent de police qui avait noté l'appel téléphonique de Stringham à propos de Braddock *alias* Thorne avait fait remarquer à Le Bas, après que le quiproquo eut été démêlé : « Eh bien, Monsieur, celui qui a appelé parlait exactement comme vous. »

L'assistance se leva pour chanter un hymne. Je parcourus du regard les travées et tous ces visages alignés. Stringham était de l'autre côté, debout les bras croisés, il ne chantait pas. Ses joues avaient perdu le feu qui les avait animées pendant toute cette période d'agitation qui avait suivi son coup de téléphone au commissariat de police, et elles avaient retrouvé leur pâleur habituelle. Il avait l'air grave, perdu dans ses pensées, avec quelque chose de presque séraphique. La statue symbole de quelque vertu, comme la résignation ou l'abnégation. Je ne pouvais pas voir Templer, car il était assis du même côté que moi et trop éloigné pour être visible de ma place. De l'autre côté, tout au fond à gauche, il y avait Widmerpool, son livre devant lui, et qui chantait de toutes ses forces : sa bouche articulait soigneusement, s'ouvrant et se fermant de façon mécanique, ce qui le faisait ressembler plus que jamais à quelque spécimen rare de la faune marine. De temps en temps, il levait les yeux vers les chevrons. Je voyais ses lèvres former les syllabes. Les paroles semblaient s'appliquer à lui particulièrement bien, car il devait s'en aller à la fin du trimestre; et je me demandai si les mêmes pensées lui traversaient l'esprit :

Comme sur chaque continent et chaque île
L'aube annonce le jour nouveau,

La voix de la prière n'est jamais silencieuse
Pas plus que ne s'éteint le concert des louanges.

Les accents de cet hymne provoquaient chez moi une sorte d'émotion. Derrière moi, un groupe de garçons se mit à interpréter un canon à eux, bruyant mais plutôt harmonieux. Cobberton remarqua la variante et fronça les sourcils. Widmerpool s'arrêta également de chanter pendant une seconde et leur jeta un coup d'œil désapprobateur. C'est là mon dernier souvenir de lui à l'école, car il partit pour de bon quelques semaines plus tard; à la suite sans doute d'un malentendu – l'esprit de Le Bas se trouvant éventuellement plus confus que d'ordinaire à la suite de ce mauvais tour que nous lui avions joué – le nom de Widmerpool se trouvait sur la liste des élèves à la rentrée de septembre : ultime affirmation de sa volonté d'essayer encore d'atteindre des lauriers définitivement inaccessibles.

2

Il n'est pas facile – d'ailleurs, peut-être n'est-ce pas souhaitable – de juger les autres d'après des critères uniformes. Une conduite odieuse, voire inacceptable, chez l'un sera parfaitement tolérée chez un autre; des principes de conduite apparemment indispensables se relâcheront dans la pratique – non que cela aille sans risques – dans l'intérêt de ceux dont la nature semble exiger ces mesures d'exception. Voici l'une des difficultés que l'on éprouve en jetant la condition humaine sur le papier, et l'on y éprouve une perplexité qui en fait justifie que dans le drame shakespearien la comédie alterne avec la tragédie : ainsi certains personnages et certaines actions (celles de l'oncle Giles, en particulier, dont je viens de parler) ne peuvent se concevoir qu'en termes applicables seulement à eux, indépendamment des conséquences. Sur la scène, cependant, les masques correspondent à certains types de caractères : dans la vie de tous les jours, les acteurs jouent leur rôle sans se soucier ni de l'à-propos de la scène ni des paroles prononcées par le reste de la distribution : il en résulte une tendance générale à tout ramener au niveau de la farce, même s'il s'agit d'un thème plutôt sérieux. Ce mépris des unités ne peut être circonvenu dans la vie humaine; encore qu'il existe des moments où l'observation attentive révèle, d'une façon ou d'une autre, que les différents éléments ne sont plus aussi irréconciliables à la fin de la représentation qu'on avait pu l'imaginer à l'Acte I.

Par exemple, à la suite de leur fréquentation régulière à l'heure du thé pendant les neuf mois de l'année scolaire, la nature divergente des points de vue exprimés par Stringham et Templer devint de plus en plus claire pour moi encore que, si on les comparait à un personnage très différent comme Widmerpool (à l'époque, il semblait à peine appartenir à la même espèce d'êtres vivants) ils auraient semblé, disons pour Parkinson, coulés dans le même moule : simplement à cause de leur indifférence commune à un certain aspect de la vie – en particulier le football – pour lequel Parkinson montrait tous les signes d'un intérêt passionné. Au fur et à mesure que je les connaissais mieux, je compris qu'en réalité Stringham et Templer, chacun dans sa façon d'aborder la vie, représentaient les types de deux formes d'existences tout à fait distincts, et qui méritaient chacun d'être examiné à la lumière de ses propres particularités : exigeant de plus la réévaluation constante d'une échelle de valeurs qui prenait lentement consistance en ce qui concernait mes propres critères de conduite. Ce contraste tenait surtout à une affaire de tempéraments. Avec le temps, j'eus aussi l'occasion de reconnaître que leurs différences pouvaient également être attribuées à des milieux différents.

L'automne de l'année qui avait vu l'arrestation de Le Bas fit place à l'hiver. Il était prévu que Stringham partirait à Noël. Avant d'entrer à l'université, il devait passer quelques mois chez son père au Kenya, voyage qui suscitait chez lui peu d'enthousiasme, si bien que ses accès de mélancolie devenaient encore plus longs et plus intenses. Comme le moment approchait, il se lançait de plus en plus fréquemment dans de longues imitations de son père tel qu'il l'imaginait dans ses rapports avec les indigènes de sa nouvelle résidence africaine; Stringham l'Ancien – il avait la réputation de trop boire, encore qu'il fût fameux pour l'urbanité de ses manières – était alors censé employer toutes sortes de circonlocutions, un peu à la manière de Lord Chesterfield s'adressant à ses fidèles serviteurs de couleur, vus sous les traits de Vendredi ou de l'Oncle Tom. « J'imagine qu'au Kenya, ils sont tous terriblement cordiaux, ils portent des shorts, ils boivent leur premier verre au coucher du soleil, enfin, ce genre de choses, répétait Stringham. Mais ce sera quand même agréable de quitter l'école et d'être indépendant, même si c'est pour être indépendant au fin fond de l'Afrique, dans ces immenses étendues où l'homme est un homme. » Il avait été convenu que je déjeunerais chez sa mère quand je passerais par Londres le premier jour des vacances. Le temps, qui avait été jusque-là humide et doux, devint soudain glacial et ensoleillé, et nous traversâmes ensemble une campagne blanche étincelante.

– Au déjeuner, tu verras sans doute Buster, dit Stringham.

– Et qui est Buster?

– Le mari actuel de ma mère.

J'ignorais tout du personnage sauf qu'on l'appelait le capitaine de corvette Foxe, et que Stringham l'avait décrit comme « un marin joueur de polo ». Quand je lui avais demandé comment était ce Buster, Stringham m'avait répondu que pour sa part il préférait les officiers de marine qui n'étaient pas « si extraordinairement munificents ». Il en était resté là de sa description, qui sur le moment ne voulait trop rien dire pour moi, car la plupart des officiers de marine que j'avais rencontrés jusque-là étaient loin de se considérer comme munificents et tiraient le diable par la queue de façon chronique. Il ajouta cependant ce détail – comme si la présence d'un mari dans la maison de sa mère eût été en elle-même tout à fait bizarre – que Buster était « particulièrement envahissant ».

– Il n'est donc jamais en mer?

– Pour le moment, il est à l'Amirauté; et je crois qu'il va être en congé. D'ailleurs, il vaut sans doute mieux qu'il vive à la maison que d'arriver à n'importe quelle heure du jour et de la nuit pour déranger les domestiques.

Ce rapide portrait de Buster donnait l'impression d'un comportement laissant particulièrement à désirer; et pendant le reste du voyage j'attendis avec impatience de rencontrer un homme mûr aux habitudes apparemment si irrégulières. Quand nous arrivâmes à Londres, Stringham déclara qu'il devait s'acheter des vêtements tropicaux; et, comme cela se révéla plutôt amusant, nous ne revînmes chez lui qu'en fin de matinée, après avoir déposé nos bagages en débarquant du train. La maison avait une façade symétrique assez lugubre dans une petite rue près de Berkeley Square : les colonnes qui encadraient l'entrée étaient munies de cônes creux où les valets de pied éteignaient jadis leurs torches.

« Viens dans la bibliothèque, dit Stringham, c'est probablement là que nous trouverons Buster. »

Je grimpai l'escalier derrière lui et nous entrâmes dans une pièce du premier étage, qui donnait l'impression d'être entièrement tapissée de pourpre, et qui contenait deux vastes bibliothèques Régence. Un portrait de femme, apparemment par Romney, était accroché au-dessus de la cheminée, et il y avait une urne en malachite absolument gigantesque posée sur une table à dessus de marbre devant la fenêtre : j'appris plus tard qu'elle avait été offerte par le tsar à un Warrington qui avait conduit une mission diplomatique en Russie au début du XIXe siècle. Buster était debout à côté de cette urne, occupée à nettoyer un fume-cigarette à l'aide d'une allumette. Il était grand et semblait étonnamment jeune; avec cette expression légèrement avachie que l'on associe plus tard avec les hommes qui ne se privent de rien, tout en prenant énormément d'exercice. Il était impeccable, et dégageait l'impression d'une forte personnalité, avec quelque chose de glacial qui menaçait de geler au garde-à-vous le premier qui franchissait la porte, avant même qu'il ait le temps d'approcher.

– Bonjour, jeunes gens, dit-il sans lever les yeux de son fume-cigarette, qu'il semblait contempler avec mépris, comme si cet objet était loin d'être assez coûteux pour avoir la prétention de lui appartenir.

– Bonjour.

Stringham s'avança d'un pas puis, sans aller plus loin, resta un moment immobile, ressemblant plus que jamais à l'Alexandre de Véronèse... Puis il me présenta. Buster fourra le fume-cigarette dans sa poche et me fit un signe de tête. Il avait un don pour mettre les gens remarquablement mal à l'aise. Il dit :

« Pas de chance, mais il va falloir que je vous quitte. »

– Vous ne déjeunez pas ici? demanda Stringham.

– J'essaie d'acheter une Bentley à un type pour une bouchée de pain. Alors je dois l'amadouer.

– Vous avez vendu l'Isotta?

– Je n'ai pas pu faire autrement.

Buster eut un petit sourire triste, comme s'il reconnaissait presque publiquement la perte de toutes ses anciennes illusions concernant l'étendue de la fortune de sa femme, mais montrant par le même sourire qu'il avait appris à supporter cette déception. Stringham dit :

– Où l'emmenez-vous?

– Au *Claridge.*

– Avec l'intention de le faire rouler sous la table?

– Nous nous en tiendrons au vin du Rhin. C'est d'ailleurs de celui-là que j'ai envie. Vous viendrez aux Ballets russes ce soir?

– J'ignorais que j'étais invité, répondit Stringham. J'en serais ravi.

– Eh bien, venez.

– Il y a des invités pour le déjeuner?

– Seulement Tuffy. Elle sera ravie de vous voir.

– Il me reste à vous souhaiter bonne chance pour cette affaire.

Il me semblait avoir assisté à un duel, dans lequel Stringham venait d'avoir l'avantage, en chassant Buster de la bibliothèque. Buster eut un petit sourire, comme s'il s'avouait momentanément battu, sans que cela compromît sa victoire finale. Comme s'il terminait en vainqueur une course de fond, il traversa la longueur du tapis à grandes enjambées souples, laissant derrière lui un peu de cette vague d'air froid qui semblait l'envelopper et qu'il léguait à l'atmosphère de la pièce après son départ. J'éprouvais une sensation de soulagement. Stringham s'approcha de la fenêtre, et dit : « Il s'habille un peu comme Peter Templer, tu ne trouves pas? »

– Ils se sont déjà rencontrés?

A ma grande surprise, Stringham éclata de rire.

– Seigneur, non! dit-il.

– Tu crois qu'ils ne se plairaient pas?

– Intéressante question.

– Pourquoi ne pas essayer?

– J'aime beaucoup Peter, dit Stringham, mais vraiment, je ne pense pas qu'on puisse l'inviter dans cette maison, si?

– Ah?

– Enfin, ce n'est pas exactement ce que je voulais dire, ajouta Stringham, mais enfin tu dois admettre que la vie de famille ne semble pas être son genre?

– J'imagine que non.
– Et tu es d'accord?
– Je vois ce que tu veux dire.

Je voyais certainement ce que Stringham voulait dire; même si une vie de famille dans laquelle Buster trouvait place cela donnait une image assez différente de ce que j'entendais par là généralement, d'après ma propre expérience. A l'époque, cependant, j'étais surtout conscient d'un nouvel équilibre dans les relations entre Stringham et Templer. Bien que leur association possédât un côté rigide, comme l'association de deux hommes d'affaires plutôt que l'intimité de deux amis, j'avais toujours considéré que Templer était beaucoup plus proche de Stringham qu'il ne l'était de moi, avec une complicité beaucoup plus grande; et il ne m'était jamais venu à l'esprit que Stringham pût partager dans une certaine mesure le manque de confiance, au moins dans les débuts de notre amitié, que m'inspirait parfois Templer. Templer ne semblait décidément pas destiné à la vie domestique : encore que cela pût aussi bien s'appliquer à Stringham. Je n'avais pas encore eu le temps d'approfondir la question quand quelqu'un descendit l'escalier et entra dans la pièce par la porte que Buster avait laissée entrouverte. En voyant cette personne, Stringham s'écria : « Tuffy, comment allez-vous? »

C'était une femme de trente à trente-cinq ans, sans doute, mais à l'époque elle me sembla plus âgée. Elle était vêtue de noir, très brune, avec un nez crochu, plutôt bien de sa personne. « Charles », dit-elle; et comme elle lui souriait, un tel ravissement l'envahit que sur son visage se peignit soudain une intensité, presque une angoisse, ce que l'on voit parfois sur le visage d'une femme dans un moment d'extase.

L'avidité de ce regard disparut immédiatement, mais son sourire persista.

« Voici Miss Weedon, dit Stringham, avec un rire amical, en lui prenant la main gauche dans sa main droite. – Comment allez-vous, Tuffy ? »

Moins glaciale que Buster, Miss Weedon ne dégageait cependant pas une affabilité extraordinaire, lorsqu'elle me tendit une paume fraîche et apparemment fragile. Elle dit en aparté : « Vous savez qu'ils ont failli ne pas vous prendre de billet pour les Ballets russes ce soir. »

« Bonté divine, dit Stringham, et quoi d'autre ? »

Cependant, il ne sembla pas particulièrement contrarié par cette défaillance de sa famille.

« Alors, je m'en suis occupée. »

« Merci, Tuffy. »

Peut-être s'attendait-elle à davantage de chaleur dans sa manifestation de gratitude, car son visage se durcit un peu, tandis qu'elle continuait à le regarder fixement en souriant.

« Nous venons juste de parler à Buster », dit Stringham, abandonnant sans plus de façons le sujet des billets de théâtre.

Elle inclina un peu la tête sur le côté et fit remarquer :

« Je suis sûre qu'il a été aussi charmant que d'habitude.

– Encore plus, si c'est possible.

– Ces temps-ci, Buster s'est vraiment très bien tenu, dit-elle.

– Ravi de l'apprendre.

– Bon, il faut que je me sauve, j'ai des choses à faire pour votre mère avant le déjeuner. »

Elle disparut en un clin d'œil. Stringham bâilla. Je le questionnai au sujet de Miss Weedon. Stringham répondit : « Tuffy. Oh! c'était la gouvernante de ma sœur. Elle est souvent ici. Elle s'occupe de toutes les activités de ma mère – en particulier en ce qui concerne l'hôpital. »

Il rit, comme s'il pensait à l'absurde accumulation de corvées dont s'occupait Miss Weedon. Je ne savais pas trop en quoi consistait cet hôpital; mais j'acceptais cela comme inhérent à Mrs. Foxe.

« Tuffy est une de mes grandes admiratrices », dit Stringham, comme si cela méritait une explication.

Il n'ajouta rien. Un moment plus tard, sa mère fit son apparition. Elle me sembla extraordinairement belle, mais plus petite que ne le suggérait la photographie d'elle que possédait Stringham. Le chapeau encore sur la tête, elle venait juste d'arriver. Elle embrassa Stringham et dit : « Tout est sens dessus dessous. Je n'arrive pas à décider si j'ai envie de passer Noël à Glimber. Il me semble que je devrais; mais il y fait un froid si effroyable.

– Viens plutôt au Kenya avec moi, dit Stringham. En hiver, il y a bien trop de courants d'air à Glimber. Et puis Buster en mourrait, lui qui est habitué aux cabines confortables.

– Ce serait amusant de passer Noël sur le bateau.

– Au-delà de toute expression.

– Buster devait déjeuner en ville. Tu l'as vu?

– J'ai entendu qu'il achetait une nouvelle voiture.

– Il lui en faut vraiment une, dit-elle.

On pouvait à peine y voir une excuse, et cependant il y avait une certaine appréhension dans sa voix. Changeant de sujet, elle se tourna vers moi et dit : « Ce pauvre Mr. Le Bas doit être bien content de se voir enfin débarrassé de Charles. Il m'écrivait à son sujet des lettres tout à fait pathétiques. Enfin, tu n'as pas été mis à la porte, mon chéri. C'est adroit de ta part... »

« Cela n'a pas été sans peine », répondit Stringham.

Étant donné leur lien, cette façon de se parler bouleversait complètement toutes mes habitudes en la matière, encore que cela convînt somme toute assez bien à ce que j'avais pu deviner concernant sa famille ou sa mère, à travers les bribes que Stringham laissait tomber de temps en temps. Ainsi, il avait un jour remarqué que sa mère adorait se mêler de politique, et j'étais en train de me demander si quelque sensationnel complot avec un membre ou plusieurs membres du Cabinet allait m'être révélé pendant le déjeuner, que l'on annonça une minute ou deux plus tard. Miss Weedon descendit derrière nous mais, avant de nous suivre dans la salle à manger, elle s'entretint avec le valet de pied, à qui elle remit une liasse de papiers. Comme nous nous asseyions, Stringham dit : « J'ai appris que nous allions ce soir aux Ballets russes.

– C'est une idée de Buster. Il a pensé que cela te plairait.

– C'est aimable de sa part.

– J'imagine que vous deux les garçons – on peut encore vous appeler des garçons – vous allez cet après-midi aller à une matinée.

Je lui répondis que, malheureusement, je devais prendre un train pour la province.

– Oh! comme c'est dommage, dit-elle, semblant sincèrement désolée. Et où allez-vous?

Je lui expliquai que cela se trouvait dans l'ouest de l'Angleterre, où mon père était attaché à un état-major. Pensant que les exigences de la vie militaire devaient lui être peu familières, j'entrepris de lui expliquer qu'il m'arrivait fréquemment de me retrouver dans un autre endroit que celui où j'avais passé les vacances précédentes.

« Je sais tout de l'armée, dit-elle. Mon premier mari était officier. Il y a des années de cela, bien sûr. En dehors de cela, nous avions une maison sur le Curragh, car il y entraînait ses chevaux, aussi rien de ce qui touche la vie militaire ne m'est-il étranger. »

Il y avait en elle quelque chose de singulièrement dominateur. Elle semblait maintenant s'être annexé l'armée, comme une propriété redécouverte après avoir été oubliée pendant des années. Nous découvrions maintenant que Lord Warrington avait commandé une brigade de cavalerie avant de prendre sa retraite. Elle raconta des anecdotes sur le duc de Cambridge, elle parla de Kitchener et de sa collection de porcelaine.

– Vous aussi vous allez être officier? demanda-t-elle.

– Non.

– Je crois que Charles devrait le faire. Enfin, au

moins temporairement. Mais ça n'a pas l'air de le tenter beaucoup.

– Non, dit Stringham, ça ne le tente pas beaucoup.

– Mais ton père a adoré le temps qu'il a passé dans les grenadiers, dit-elle en insistant. Et il a toujours prétendu que cela lui avait fait le plus grand bien.

Elle semblait si sincère en disant cela que Stringham éclata de rire, et moi également. Même Miss Weedon sourit à l'idée qu'un aussi bref séjour chez les grenadiers eût pu faire un bien quelconque au père de Stringham. Quant à Stringham il avait semblé au bord d'une de ses crises de dépression; mais pour un temps, il retrouva sa bonne humeur, encore que sa mère semblât épuiser son énergie et le subjuguer. Cela n'avait rien d'étonnant si l'on songeait à la force que dégageait la personnalité de cette femme, et cela expliquait peut-être le besoin qu'éprouvait Buster de se défendre par un mécanisme très élaboré. En dehors de cette force, qui présentait quelque chose d'excessif, de presque inquiétant, rien ne transparaissait de son origine sud-africaine. Il faut dire que j'ignorais ce qu'il convenait d'attendre comme signes extérieurs de tels antécédents; peut-être m'étais-je attendu à ce qu'elle fût moins bien assimilée au monde qui désormais était le sien. Elle dit : « C'est la dernière fois que vous allez voir Charles avant son retour du Kenya. »

– Nous nous retrouverons en automne.

– J'aimerais bien ne pas y aller, dit Stringham. Cela m'ennuie vraiment terriblement. Comment pourrais-je m'en tirer?

– Mais, mon chéri, le paquebot appareille dans deux jours! Je croyais que tu avais envie d'y aller. Et puis ton père serait tellement déçu!

– Tu crois?

Sa mère soupira. Sa mélancolie, après un bref sursis, reprenait le dessus. Miss Weedon dit avec conviction : « Et puis vous reviendrez bientôt. »

Stringham ne répondit pas; mais il lui lança un regard presque haineux. Elle semblait habituée à être malmenée par lui, car elle n'en parut pas du tout contrariée, et elle continua à parler des lettres qu'elle avait écrites le matin. L'expression déçue qu'elle avait eue auparavant était peut-être due à ce qu'elle n'avait plus l'habitude de le voir à la maison, avec l'amitié et la cruauté que cette présence signifiait pour elle. Le déjeuner suivait son cours. Miss Weedon et Mrs. Foxe se lancèrent dans une discussion pour savoir si oui ou non le chef jardinier de Glimber vendait les fruits à son propre profit. Stringham et moi, nous parlions des affaires de l'école. Ce déjeuner – et la maison où il se déroulait – tout cela était étrangement déprimant. J'avais été très impatient de venir ici, mais je fus très heureux de voir arriver le moment de m'en aller.

« Écris-moi pour me raconter ce qui se passe, me dit Stringham à la porte. Surtout les choses drôles que Peter pourrait faire. »

Je lui promis de lui rendre compte des aventures marquantes dont Templer risquait d'être le héros, et nous prîmes rendez-vous pour dans neuf ou dix mois.

« J'aurai hâte de rentrer en Angleterre, dit Stringham. Non pas que l'idée d'aller à l'université me séduise tellement. Tous ces étudiants desséchés, et puis les chaussures de daim semblent y être obligatoires. »

Berkeley Square, que je traversai, semblait froid, brillant et lointain : un peu comme les manières de Buster. Je me demandais comment serait la rentrée avec la seule compagnie de Templer; car je ne voyais personne prendre la place de Stringham, si bien que Templer et moi nous resterions seuls tous les deux. Le départ de Stringham allait changer le cours des jours. Je dénichai une place dans un compartiment bondé juste derrière la locomotive, à côté d'un homme d'un certain âge en costume à carreaux, qui, pendant tout le voyage, se disputa paisiblement avec un pasteur pour savoir s'il fallait ou non ouvrir la fenêtre, et qui ne cessait de prendre sa serviette dans le filet pour y chercher des papiers qui ne semblaient jamais s'y trouver; son comportement général me rappela les façons de mon oncle Giles.

De fait, les affaires de l'oncle Giles semblaient avoir dernièrement atteint un tournant. Après presque deux ans de silence – depuis sa disparition dans le brouillard, apparemment dans la direction de Reading – on n'avait plus entendu parler de lui; jusqu'à ce qu'arrivât enfin une lettre de lui écrite d'un hôtel de l'île de Man, et qui laissait entendre, sans pour autant le dire, qu'il avait l'intention de se marier. En vue de cette éventualité, mon oncle réclamait une révision générale des termes du fidéicommis; et il exprimait, ce n'était pas la première fois, les difficultés que rencontrait sur son chemin un homme sans relations.

Cette nouvelle provoqua chez mes parents une certaine anxiété; car encore que ses activités pendant tout ce temps fussent demeurées inconnues dans leur détail, son rapport avec Reading semblait bien être la rencontre qu'il avait faite d'une dame de cette ville : certains prétendaient que c'était une manucure et d'autres la veuve d'un garagiste, sans que bien sûr il fût impossible qu'elle interprétât les deux rôles. Dans la famille, on abordait ce sujet avec encore plus de pessimisme et de curiosité horrifiée que les activités de l'oncle Giles n'en suscitaient d'ordinaire : inquiétude qui n'était pas entièrement sans fondement, car on savait que l'oncle Giles se montrait presque aussi inconscient dans ses démêlés avec le beau sexe qu'il l'était dans ses affaires. Et sa première mésaventure, alors que tout jeune il servait en Égypte, avait de fait été une aventure amoureuse.

Un des principaux griefs de l'oncle Giles était qu'on l'avait « fourré » dans l'armée – pour laquelle il ne possédait ni l'admiration romanesque de Mrs. Foxe ni sa maîtrise des réalités militaires – au lieu de le laisser choisir une profession qui restait vague et où ses dons auraient pu se révéler. Il avait d'abord servi dans un régiment de ligne, puis, sans doute poussé par l'espoir d'une solde légèrement supérieure, il était passé dans l'Intendance. Souvent, je l'imaginais la toque inclinée sur l'oreille allant à un galant rendez-vous sous un soleil semi-tropical où une belle dame en robe à tournure l'attendait dans une victoria avec un cocher de couleur; encore qu'un tel attirail appartînt en fait à une époque légèrement antérieure; et, au cas où les circonstances auraient été celles-là, il est vraisemblable qu'il se serait mis en civil.

En fait, il y avait eu deux scandales, plus ou moins entremêlés : la femme de l'un et l'argent d'un autre, sans parler des dettes. A une certaine époque, c'est du moins ce que prétendaient certains membres de la famille, il avait même été question de cour martiale : pas tant pour impliquer mon malheureux oncle que pour innocenter son nom à propos de rumeurs qui circulaient. Ce conseil de guerre, peut-être faut-il s'en réjouir, ne fut jamais réuni, mais la nécessité pour l'oncle Giles de rendre des comptes restait indéniable. Il choisit de rentrer par l'Afrique du Sud, et il arriva à Cape Town juste avant le début de la guerre des Boers. Il se mit à fréquenter un certain nombre de personnes peu recommandables – et il est vraisemblable qu'il rencontra à cette époque le père de Mrs. Foxe – et il participa à des opérations imprudentes concernant le commerce des diamants mais, Dieu merci, il n'alla pas jusqu'à avoir vraiment les pierres en sa possession. Ces spéculations faillirent s'achever en désastre; et, à la suite de l'attitude adoptée par les autorités locales, il n'eut pas la possibilité de s'installer à Port Elizabeth, où il avait un instant songé à se faire une situation. Cependant, comme la plupart des personnes peu dignes de confiance, l'oncle Giles possédait précisément ce don d'inspirer confiance aux gens avec qui il entrait en relation. Et même ceux qui le connaissaient depuis longtemps à leurs dépens éprouvaient parfois de la difficulté à estimer jusqu'où pouvait le mener son manque d'honnêteté – sans parler de son incompétence –

dans le domaine des affaires. Si bien qu'à son retour en Angleterre il se retrouva rarement sans emploi, encore qu'il lui fallût généralement, selon sa propre expression, « commencer au bas de l'échelle » avant d'atteindre les sommets où de grandes choses sont possibles.

En 1914 il essaya de réintégrer l'armée, mais il fut réformé pour raisons médicales, par le ministère de la Guerre. Peu après le torpillage du *Lusitania* il obtint un poste au ministère des Munitions; puis réussit ensuite à se faire engager au ministère du Ravitaillement : il démissionna en évitant tout scandale. Lorsque les États-Unis entrèrent en guerre il décrocha un poste en province dans un dépôt dont la fonction était de fournir des « douceurs » aux troupes américaines. Il laissa entendre qu'il avait établi des relations d'affaires de l'autre côté de l'Atlantique, à la suite de ces fonctions. Il fut ainsi question – mais peut-être les membres de la famille avaient-ils pris leurs désirs pour des réalités – qu'il aille à Philadelphie travailler dans le commerce. Cette lettre datée de l'île de Man, et cette éventualité d'un mariage, semblaient montrer qu'il avait renoncé à cet éventuel projet d'émigration, s'il avait jamais existé; et plusieurs allusions à son manque de relations nous ramenaient à une conception plus ancienne et plus fondamentale que l'oncle Giles avait de ses affaires.

Ces « relations », cela jouait un rôle fort important dans la philosophie de la vie que pratiquait l'oncle Giles. Il avait une foi absolue dans cette idée que la réussite dans le monde dépend entièrement des relations, notion mystérieuse dont tout le monde sur terre était pourvu, plus ou moins, à l'exception de lui-même. Que les riches et les membres de la noblesse aient la vie belle grâce aux relations en question, cela tenait naturellement chez lui de l'axiome; et – comme la société évoluait – il incluait ceux qui pouvaient se considérer, du moins en apparence, comme faisant partie des pauvres ou des mal lotis, parmi les personnes qui bénéficiaient également de cet apanage presque magique. Lorsqu'il s'agissait du laveur de carreaux ou de l'employé qui venait relever le compteur à gaz, le rôle des relations semblait moins évident, mais il lui semblait en fait supérieur, à cause des occasions qui s'offriraient à eux dans un monde de plus en plus égalitaire, d'obtenir de l'avancement. « Et cette porte-là, on me l'a claquée au nez le jour de ma naissance. » C'était ce que l'oncle Giles disait généralement (il avait trouvé cela, je devais le découvrir beaucoup plus tard, dans un roman de John Galsworthy) quand il découvrait quelque filon dont il pensait que l'exploitation était réservée à ceux qui se situaient au-dessus de lui, ou au-dessous, dans l'échelle sociale.

On pourrait alors imaginer que les gens entre les deux – des gens, en quelque sorte, un peu dans le genre de l'oncle Giles, encore qu'il refusât d'admettre son appartenance à aucune classe sociale identifiable –, étaient considérés par lui comme des passagers du même bateau. Rien n'est plus éloigné de la vérité. Car ces gens appartenaient en fait à la classe – il la considérait avec une vive horreur – dont les membres possèdent presque sans exception soit de puissants appuis qui les soutiennent en secret, soit des relations d'affaires, souvent par l'entremise de gens moins bien en place, qui leur permettaient, à son avis, de se faire faire des prix. Toute allusion à la City ou, pire encore, à la Bourse, provoquait chez lui des propos amers. De plus, la situation de fortune des gens dans son genre lui faisait souvent dire qu'eux au moins n'avaient pas à « tenir leur rang » dans la société comme il était, lui, contraint de le faire par les traditions ; ils bénéficiaient du même coup d'un avantage injuste qui les lui faisait détester en bloc.

En conséquence, cette doctrine le rendait fondamentalement hostile à toutes les institutions établies, partant du principe qu'elles étaient entièrement gérées par ceux dont le seul trait remarquable était d'avoir des relations, ce qui du même coup en faisait des incapables. Cette façon qu'il avait d'aborder toutes les questions sociales, politiques ou économiques, il la résumait en disant qu'il était « une sorte de radical » : position qu'il avait de la difficulté à expliquer plus clairement à ses relations. En tout cas, il semblait toujours trouver des gens pour s'accommoder de lui ; et, généralement, des gens pour lui fournir un emploi. En fait, à son niveau, il devait posséder plus de relations que la plupart des gens. Il ne répondit pas aux demandes de précisions, et aux contre-propositions contenues dans la réponse expédiée dans l'île de Man ; et c'est ainsi qu'on n'entendit plus parler, jusqu'à nouvel ordre, de son mariage et de ses activités en général.

A l'école, l'installation avec Templer se révéla plus facile que je ne l'avais imaginé. Sans Stringham, il se montra plus expansif, et j'appris des détails sur sa vie familiale. Son père et son oncle (ce dernier – pour des services rendus à la nation et dont la nature demeurait assez vague – avait accepté d'être fait baronnet sur la proposition de Lloyd George, un des rares sujets où Templer se montrât pointilleux) avaient fait fortune dans le ciment. Mr. Templer s'était retiré des affaires peu de temps auparavant, après ce que son fils appelait « une bévue épouvantable dans l'acier ». Il y avait deux sœurs : Babs, l'aînée de la famille, qui vers la fin de la guerre, avait laissé un mari dans un des régiments de dragons en faveur d'un coureur automobile; et Jean, légèrement plus jeune que son frère. Leur mère était morte quelques années avant ma rencontre avec Templer, et comme il n'étalait aucune photographie de sa famille, j'ignorais tout de leur apparence. Encore que leur fortune ne fût pas colossale, ils n'étaient certainement pas pauvres; et malgré ce manque de clairvoyance momentané de la part du père de Peter en ce qui concerne des fluctuations prévisibles de ses avoirs dans l'industrie de l'acier, il conservait un intérêt amical pour la Bourse; et, à en croire Peter, ses prévisions se révélaient souvent justes. Je savais également qu'ils habitaient une maison au bord de la mer.

« Personnellement, cela ne me déplairait pas d'aller jeter un petit coup d'œil au Kenya », dit Templer, lorsque je lui racontai le déjeuner avec Stringham et sa mère.

– Eh bien, l'idée n'avait pas l'air d'enchanter Stringham.

– Ma sœur aînée avait un soupirant qui vivait à Happy Valley. Il s'est suicidé d'un coup de revolver après avoir pas mal bu au club.

– Peut-être que ça ne se passera pas aussi mal pour lui.

– Tu as déjeuné avec eux à Londres ou à la campagne ?

– A Londres.

– Stringham dit que Glimber c'est joli mais beaucoup trop grand.

– Il en héritera ?

– Seigneur, certainement pas ! répondit Templer. Sa mère ne l'a qu'en viager. Et il ne lui restera pas grand-chose si elle continue à dilapider sa fortune au rythme actuel.

J'ignorais ce qu'il fallait croire de tout cela ; mais comme le sujet m'intéressait, je poursuivis mes investigations. Templer dressa un tableau plutôt sinistre de Mrs. Foxe et de la société qu'elle fréquentait. Je fus assez surpris de découvrir qu'il n'avait quant à lui aucune envie d'appartenir à ce milieu, dont cependant les plaisirs devaient le séduire.

« Trop c'est trop, précisa-t-il. J'ai des goûts plus simples. »

Je me rappelai la façon dont Stringham avait parlé de Buster avec un certain mépris, sous prétexte qu'il était « si extraordinairement munificient » ; et également des réserves qu'il avait émises à propos de Templer lui-même. Visiblement, un tri délicat était en train de se faire parmi mes relations, mais ce ne fut que des années plus tard que je compris la façon dont se développe cette sorte de ségrégation volontaire; et ensuite comment cela continue au cours de l'existence. Je questionnais encore Templer à propos de ce qui lui déplaisait chez les invités à Glimber. Il me dit : « Eh bien, j'imagine que cela a été plutôt cérémonieux même pendant le déjeuner, non? »

« Buster m'a plutôt fait l'impression d'un imbécile. Sa mère a été tout à fait charmante. »

Même sur le moment, je sentis que ces paroles rendaient mal le caractère énergique, éblouissant, de Mrs. Foxe.

– Oh! je suis certain qu'il n'y a rien à lui reprocher, dit Templer, et elle est encore très séduisante. N'empêche qu'elle a fait une vie impossible à la sœur de Stringham, jusqu'à ce qu'elle épouse le premier venu.

– Qui?

– Impossible de me rappeler son nom. Un célèbre criminel manchot.

– De fait, Stringham ne semblait pas au mieux de sa forme devant elle.

– Elle en a également fait voir à son mari de toutes les couleurs.

– Si cela ne l'amuse pas, il peut toujours rester en dehors du coup.

– Mais il n'en fera rien, dit Templer, tu peux m'en croire, en ce qui nous concerne, il ne va pas tarder à disparaître.

Fort, comme je l'ai dit, de ce que Stringham m'avait révélé à propos de Templer lui-même, il me fallut admettre qu'il y avait du vrai dans ce jugement sur Stringham; encore qu'à l'époque un certain nombre d'implications, en particulier celles qui me concernaient, m'échappassent, ce qui n'avait rien de particulièrement étonnant. Ce fut la seule fois où j'entendis Templer parler sérieusement de Stringham, et cependant il faisait souvent allusion aux différentes frasques qu'ils avaient faites ensemble, en particulier l'arrestation de Le Bas.

En ce qui nous concernait Templer et moi, les choses à propos de cette affaire en étaient restées là, mais les relations entre Templer et Le Bas restèrent tendues. Je n'avais pas joué un grand rôle dans cette aventure, et cependant j'y pensais souvent. Par exemple, pourquoi Stringham, qui était plutôt de bonne composition, avait-il choisi de persécuter Le Bas de cette façon? Fallait-il le regretter ou s'en féliciter? Cela avait-il d'ailleurs un sens? Les circonstances avaient montré que Stringham était capable d'assurance, et Le Bas désarmé. Stringham s'était montré brutal, et Le Bas puéril. Malgré sa défense du poème, Le Bas n'en avait pas appris la leçon :

Puis à contrecœur nous irons
De par le monde – car il le faut –
Il nous faut quitter la Sicile
Près des vagues bleues de la mer.

Il fut connu pendant longtemps sous le nom de « Braddock *alias* Thorne », en particulier parmi ses collègues, dont la théorie était que l'auteur de la farce avait dû quitter récemment l'école et qu'en traversant la ville, probablement en voiture, il avait décidé de se moquer de Le Bas. Aucun maître qui le connaissait n'aurait certainement cru Stringham capable d'un coup pareil. En ce qui le concernait, la tendance qu'avait Le Bas, à juste titre dans une certaine mesure, à croire que tout le monde lui en voulait, s'accentua à la suite de cette expérience humiliante à plus d'un titre; et il entreprit de persécuter Templer – ou, plus exactement, ses activités en ce sens apparurent à Templer comme autant de persécutions – avec plus d'énergie que jamais.

Finalement, l'insouciance habituelle chez Templer fournit à Le Bas l'occasion de lui régler son compte. Cela se fit quand Templer oublia sa blague à tabac – sur laquelle, c'était typique de lui, il avait écrit ses initiales – sur le tronc d'un arbre quelque part dans les prés où nous étions tombés sur Le Bas. Cobberton, en patrouillant dans le coin, était tombé sur cette blague et il l'avait donnée à Le Bas. On ne put rien prouver de précis contre Templer : pas même la propriété de cette blague à demi pleine, encore que personne ne doutât qu'elle lui appartînt. Cependant, Le Bas remua ciel et terre pour se débarrasser de Templer, et il parvint finalement à persuader le principal que la vie serait plus facile pour tous les deux si Templer quittait l'école. En conséquence, on persuada le père de Peter de retirer son fils de l'école un trimestre plus tôt que prévu. Templer en fut personnellement ravi, et cela ne contraria guère son père dont on prétendait qu'il considérait que les écoles et les universités étaient, au bout du compte, une simple perte de temps et d'argent : partant du principe que c'est dans un bureau que l'on apprend les réalités de la vie. Si bien qu'en ce qui me concerne, je restai seul.

Templer n'était pas un grand épistolier, et après

son départ je reçus seulement de temps en temps une carte postale où il m'annonçait son score dans un tournoi de golf ou bien son départ pour la Hollande où il allait étudier les méthodes des affaires. Avant de quitter l'école, il m'avait plusieurs fois suggéré d'aller le voir chez lui, modérant les éventuels plaisirs qui me seraient offerts par un portrait vaguement menaçant du caractère souvent revêche de son père. Je ne pris pas ces avertissements trop au sérieux, à cause de cette tendance que montrait Templer à prêter un sale caractère à tous ceux qui se trouvaient par rapport à lui en position d'autorité. En même temps, j'avais l'impression que Mr. Templer devait, de fait, être un homme difficile à vivre; et je me demandais même si les démêlés de Peter avec Le Bas ne présentaient pas un lien avec des escarmouches similaires qui l'auraient opposé à son père. Le grief principal de Peter, en ce qui concerne son père, reposait apparemment moins sur une différence fondamentale de goûts ou de styles de vie, que sur le fait que ce père, à la tête d'infiniment plus d'argent qu'il n'en possédait lui-même, montrait finalement aux yeux de son fils si peu de talent pour tirer l'avantage convenable de cette situation favorable. « Attends seulement de voir la voiture qui sert à faire la navette avec la gare, répétait volontiers Peter, – tu comprendras alors quelle sorte d'homme est mon père. »

L'invitation arriva juste comme les préparatifs matériels qui accompagnaient le départ de l'école étaient en cours. Il était convenu que plus tard au cours de l'été, avant de partir pour l'université, je passerais quelque temps en France, pour apprendre la langue mais aussi pour résoudre un problème urgent – et aussi fascinant pour moi que pour les autres – qui était ce qu'il convenait de faire de la présence physique d'un de ces êtres anxieux, abandonnés, qui n'est déjà plus un enfant, et à peine un homme. Cette visite chez Templer pourrait donc se situer avant l'épisode français.

Dans ses lettres du Kenya, Stringham annonçait que le pays lui plaisait davantage qu'il ne s'y était attendu. Elles contenaient des dessins représentant les gens de là-bas, et un cheval qu'il montait parfois. Il ne savait pas vraiment dessiner, mais il s'en tirait à l'aide de taches et de pattes d'araignée, fort efficaces pour exprimer l'apparence des gens et des choses. L'un d'entre eux représentait Buster en train de vendre une voiture, une autre Buster jouant au polo. Je songeais parfois à la vision fugitive que j'avais eue de la vie familiale de Stringham; et – mais je ne m'en rendis pas compte tout de suite – j'en vins avec le temps à trouver une certaine ressemblance entre sa famille et celle de Hamlet. Naturellement, on avait expédié son père au Kenya, on ne l'avait pas assassiné; mais les rôles de Claudius et de Gertrude convenaient parfaitement à Buster et à la mère de Stringham. Je n'allais guère plus loin dans cette comparaison, sauf pour me demander si Miss Weedon n'était pas quelque Polonius féminin, partisan de Hamlet. J'imaginais très bien Stringham la poignardant à travers la tapisserie. Pour le moment, il n'y avait pas d'Ophélie. Quant à Stringham il avait une ressemblance indiscutable avec le prince du Danemark; ou, comme Templer aurait dit : « C'est bien le rôle où il se verrait. »

A première vue la maison de Templer ressemblait à une villa démesurément gonflée, rouge avec des pignons, plantée devant la mer dans un petit parc où poussaient des pins d'Écosse : une résidence qu'une puissance occulte aurait arrachée à quelque banlieue résidentielle qui lui aurait convenu bien davantage, en la grossissant considérablement. Elle avait dû être construite vingt ou trente ans auparavant et, comme nous avancions sur la route, je vis qu'elle se dressait sur un terrain en pente à environ quatre cents mètres du bord de la falaise. L'horizon nuageux et les vagues vert olive qui léchaient les rochers lui conféraient un certain mystère en dépit de son apparente banalité : un palais au bord de la mer dans une de ces scènes d'embarquement de Claude Lorrain – la reine de Saba, sainte Ursule, ou encore le palais enchanté – où toutes les aventures semblent possibles.

Des grilles blanches donnaient sur une allée cavalière sablée qui montait entre des lauriers. En haut, les portes vertes d'une rangée de remises donnaient sur une aire cimentée. Comme nous pénétrions dans cet espace dégagé une jeune fille de seize ou dix-sept ans, visiblement la sœur de Peter, était en train de fermer une des portes coulissantes. Blonde, modérément jolie, avec de longues jambes et des cheveux courts ébouriffés, elle resta immobile à nous dévisager, tandis que Peter coupait le moteur et que nous descendions de voiture. Comme ses jambes, son visage était long et mince ; elle donnait l'impression d'un arrangement de plans et de lignes très schématisé – et un peu gauche – comme on en trouve dans les dessins des vieux maîtres flamands ou allemands, représentant quelque vierge martyre; et sa raquette qui formait un angle de guingois avec son corps, semblait être un accessoire inconnu ayant participé à ce martyre. L'expression de son visage, triste et vaguement ironique, semblait cependant contredire son appartenance à un monde meilleur. Je me sentis soudain mal à l'aise, et intéressé en même temps : j'éprouvais le désir d'être près d'elle, alors que sa présence me plongeait dans un trouble qui me paralysait. Cependant, les espoirs ou les craintes provoqués par sa présence disparurent bientôt, car elle dit à peine un mot quand Peter nous présenta, sauf pour déclarer d'une voix presque aussi rauque que celle de son frère et dont la gravité surprenait : « Il faudra faire refaire le court en dur. »

Ensuite, elle se dirigea lentement vers la maison en chantonnant, et en fauchant de sa raquette les herbes des bordures. Peter lui cria : « Est-ce que Sunny est arrivé? »

« Juste après ton départ. »

Elle répondit cela sans tourner la tête. Sa voix ne laissait deviner ni désapprobation, ni enthousiasme. Je la regardai jusqu'à ce qu'elle eût disparu.

« Laisse tes affaires ici, dit Peter, il y aura bien quelqu'un pour les rentrer. Allons prendre le thé. Bon Dieu, ce que ma sœur peut être mal élevée. »

Coiffé d'un feutre mou dont il portait la calotte aplatie, il donnait déjà tous les signes de s'être libéré des dernières contraintes imposées par l'école. Il avait passé un mois ou deux à Amsterdam, où son père avait des intérêts. L'idée de Mr.

Templer, c'était qu'ainsi Peter risquait d'acquérir quelques notions sur le monde des affaires avant de se lancer dans la City, tout autre projet d'éducation ou d'amélioration de son fils ayant été abandonné. Peter fut incapable de me fournir un tableau cohérent de la vie en Hollande, à part que les canaux sentaient mauvais et que la ville possédait deux night-clubs indiscutablement supérieurs aux autres. A part cette accentuation de traits déjà évidents chez lui, il était bien toujours le même.

– Qui est Sunny?

– Sunny Farebrother, c'est un ami de mon père. Il est dans le coin pour un enterrement et il est venu ici pour parler affaires.

– C'est un contemporain de ton père?

– Oh non! répondit Peter, il est beaucoup plus jeune! Trente, ou trente-cinq ans. Il paraît qu'il a fait une guerre épatante, en tout cas il a décroché un D.S.O. très mérité.

Ce nom de « Sunny Farebrother » me frappa presque comme un pléonasme en suggérant un personnage viril et sans complications. Il semblait superflu qu'avec un nom pareil Peter ajoutât qu'il avait fait « une guerre épatante » ou quelque chose dans ce genre, tant le portrait qu'évoquaient ces syllabes semblait clair. J'imaginai aussitôt une sorte de super-Buster, chez qui l'intrépidité et la simplicité de cœur viendraient s'ajouter à l'éclat et au brio.

« Pourquoi Sunny? », demandai-je, m'attendant à ce que sa réponse vînt confirmer le personnage que je venais d'imaginer.

« Parce que son prénom est Sunderland. Je crains

que nous ne devions nous envoyer pas mal de conversation rasoir entre ces deux-là. »

Nous pénétrâmes dans la maison par une porte latérale. Les murs de presque tout le rez-de-chaussée étaient lambrissés, de la couleur et du grain des boîtes de cigares. A l'extrémité de la grande salle, deux messieurs étaient assis sur un canapé devant une table à thé; Jean remplissait des tasses. Le plus âgé des deux hommes, un petit bonhomme sec à l'air sévère, presque entièrement chauve et qui fumait la pipe, était visiblement le père de Peter. D'ailleurs cette identité semblait confirmée par son propre portrait accroché dans la pièce, et qui le représentait en costume bleu avec un col dur blanc. Cette toile, due à Isbister, de la Royal Academy, avait été peinte avec un réalisme agressif péniblement accentué par le fait que chaque détail semblait légèrement plus grand que nature.

« Bonjour, Jenkins, dit Mr. Templer en me tendant la main. – Mais prenez donc une tasse de thé. Verse-lui du thé, Jean. Bon, eh bien, continuez, Farebrother – mais cette fois-ci, tachez de vous en tenir aux faits. »

Et il se tourna vers le personnage brun et de haute taille assis à côté de lui. Sunny Farebrother, car c'était certainement lui, m'avait serré la main avec beaucoup de chaleur et m'avait gratifié d'un sourire cordial lorsque je m'étais approché de la table. Au son de la voix de Mr. Templer, le sourire disparut brutalement de son visage, qui prit aussitôt une expression d'intense concentration, et, lâchant soudain ma main, il en revint au sujet de la conversation, qui semblait être les conditions et les termes d'un emprunt étranger – apparemment hongrois. Jean me tendit l'assiette de toasts beurrés puis, s'adressant à Peter, parla à nouveau du court de tennis en dur.

Pendant le thé, j'eus l'occasion d'étudier Sunny Farebrother à loisir. Des traits réguliers et austères, ses manières strictes me rappelaient bien un peu Buster, ce qui ne laissait pas d'être curieux, mais pas précisément pour les raisons auxquelles je m'attendais. Malgré l'impression d'élégance qu'il dégageait, Farebrother n'avait pas du tout l'assurance affectée par Buster en face du monde; sans manifester la moindre hostilité ou ce qui aurait pu être interprété ainsi, son comportement – même en tenant compte du respect qu'il était naturel de témoigner à un homme plus âgé que lui et qui de plus était son hôte – semblait presque exagérément prévenant. Je ne fus pas exactement déçu par la réalité d'un homme dont, ce qui était absurde, j'avais imaginé l'aspect à partir d'éléments aussi légers; mais je n'en fus pas moins surpris, tout en continuant à vouloir en savoir davantage sur Sunny Farebrother.

L'enchaînement d'idées provoqué par cette association avec Buster me conduisit, d'une façon plutôt logique, à Miss Weedon; et pendant une seconde, il me sembla même que certains traits possédés en commun par Buster et Miss Weedon les liaient à Sunny Farebrother; ces deux derniers étaient d'ailleurs, si ridicule que cela puisse paraître, les deux plus semblables des trois. Certainement pas parce que Farebrother montrait dans son tempérament, ouvertement ou en le dissimulant mal, quoi que ce soit d'anormalement féminin; loin de là; encore que Miss Weedom pour sa part présentât bien quelque chose de vaguement masculin. Ce qu'ils avaient tous les deux en commun, c'était plutôt une sorte de zèle, comme si leur mission sur terre était d'aplanir les difficultés des autres : la conscience que pour eux la puissance s'obtiendrait par l'humiliation de soi-même.

Le costume de Sunny Farebrother, quoique fort bien coupé, n'était pas neuf et même pas mal usé par endroits. Il avait les coudes luisants; d'ailleurs, toute son attitude suggérait des difficultés certaines. J'imaginais que c'était un officier de cavalerie – quelque chose dans ses longues jambes et son pantalon étroit évoquait le cheval – incapable de supporter le train de vie imposé par son régiment, et devenu à contrecœur un agent de change ou un courtier dans une maison de la City, à seule fin d'essayer de joindre les deux bouts; mais j'appris plus tard qu'il n'avait jamais été officier de carrière. Les mains jointes, le front baissé, il écoutait attentivement, presque avec humilité – comme si sa vie dans une certaine mesure en dépendait – les paroles de Mr. Templer.

Des années après, quand j'en vins à bien connaître Sunny Farebrother, il avait encore un peu de ce qui avait produit chez moi cette impression première; comme Jean, il dégageait presque une impression de sainteté malmenée par un monde grossier : cela évoquait un peu le colonel Newcome, à la fin de sa vie, chez les franciscains, et il était facile d'imaginer Mr. Farebrother dans un tel décor, avec les rayons du soleil couchant éclairant sa chevelure devenue toute blanche. Tout chez lui venait confirmer un tel rôle : les extrémités élimées du nœud papillon qu'il porta au dîner, et ce carton à chapeau en cuir tout cabossé que l'on vit passer avec le reste de ses bagages tandis que nous prenions le thé. Il sembla juger nécessaire de fournir une explication de l'existence de cet objet, et il précisa qu'il contenait un haut-de-forme qu'il venait juste de porter aux funérailles de son grand-oncle, ajoutant que ce couvre-chef était généralement accroché dans son bureau et faisait partie de l'uniforme qu'il portait dans la City.

« Ce dernier hommage m'aura coûté une jolie somme en affaires manquées, dit-il, mais ces hommes admirables il n'en reste guère. Alors je me suis dit que je lui devais bien cela. »

Mr. Templer, les mains profondément enfoncées dans les poches de son pantalon, ne semblait pas écouter, et il discourait, de cette voix rauque qu'il avait, sur les amortissements obligatoires et les augmentations de capital. Jean acheva de donner à Peter son point de vue concernant le court de tennis en dur, puis ne dit pratiquement plus un mot. Un peu plus tard, elle s'en alla toute seule.

Ce premier contact avec les Templer reflétait assez bien ce que devaient être les jours suivants. Mr. Templer était bourru, et passait la plus grande partie de son temps à parler affaires avec Sunny Farebrother; Jean restait dans son coin; Peter et moi nous allions nous baigner, ou bien nous restions à flâner la plus grande partie du jour. Je découvris que ce que Peter m'avait dit au sujet d'un prétendu désaccord avec son père avait été largement exagéré. En fait, ils se comprenaient fort bien, et avaient pas mal en commun. Mr. Templer possédait un certain nombre d'idées simplistes sur lesquelles il avait organisé sa vie; et somme toute, cela ne lui avait pas si mal réussi, parce qu'elles s'enchaînaient toutes et se révélaient suffisamment générales pour s'appliquer neuf fois sur dix. Il tenait beaucoup à rester en forme, et il adorait nous décrire par le menu les exercices qu'il faisait tous les matins en se levant. Il était toujours debout longtemps avant tout le monde, et il semblait en parfaite santé, encore qu'il ne fît point jeune pour son âge, une bonne soixantaine d'années. Sunny Farebrother continuait à me paraître tout à fait charmant, et je ne pouvais m'empêcher de me demander pourquoi les Templer le traitaient avec si peu de considération. Je ne prétendrai pas que cela me préoccupait beaucoup; mais je remarquais parfois comme il semblait presque se plaire à être contredit par Mr. Templer, ou ignoré par Jean, qu'il semblait surveiller d'un œil avide en tentant, sans grand succès, de lui faire la conversation. Là, comme ailleurs, Jean semblait rester dans un monde à part. Peter se moquait d'elle et de sa façon de ne pas se mêler au monde qui l'entourait. Je me sentais attiré par elle, et en même temps complètement étranger.

Quelques jours après mon arrivée, les Stripling vinrent s'ajouter à la compagnie – c'est-à-dire Babs, l'autre sœur de Peter, et son mari, le coureur automobile – et ils amenaient avec eux une amie, Lady McReith. Ces nouveaux hôtes changèrent radicalement l'atmosphère de la maison. Babs était belle, d'un blond tirant sur le roux, elle parlait d'abondance, et d'une voix plutôt forte. Elle était plus grande que Jean, sans sa présence mystérieuse et vaguement mélancolique. Assis à côté d'elle au dîner, je n'éprouvai aucune des difficultés que j'avais eues avec Jean pour faire la conversation. Babs semblait très attachée à Peter, et elle me posa de nombreuses questions sur la vie qu'il avait menée à l'école. Son mari, Jimmy Stripling, était grand et massif. Il portait les cheveux plutôt longs avec la raie au milieu. Comme son beau-père il avait des manières plutôt bourrues, et quand il vous parlait, il regardait toujours au-delà. A l'époque, je ne connaissais que l'oncle Giles pour être aussi grognon que lui, mais Stripling, assez riche pour pratiquer la course automobile, n'avait guère que cela de commun avec lui.

Il n'est pas rare de voir les gens qui semblent particulièrement robustes, et qui se consacrent à des passe-temps relativement dangereux, souffrir d'une santé médiocre. C'était le cas de Stripling. De ce fait, il n'avait pas pris une part active à la guerre; au lieu de cela – comme l'avait fait remarquer Peter – il avait persuadé Babs de se laisser enlever pendant que son mari était au front : cela avait-il été sa façon « d'en faire sa part »? C'était certainement une façon cruelle de présenter les choses; et, s'il fallait se fier au récit que donnait Peter des débuts du mariage de Babs, elle avait des excuses car son premier mari, vaillant soldat ou pas, semblait loin d'avoir été le mari idéal. Cependant, du point de vue de Stripling, c'était très gênant d'avoir eu un prédécesseur dont la conduite avait été incontestablement glorieuse; il en avait conçu une haine dévorante pour tous ceux qui avaient servi dans les forces armées. De fait, il suffisait de signaler, même en passant, qu'une guerre avait eu lieu ou d'y faire allusion, pour qu'il vous traitât de la façon la plus péremptoire; et cependant ses sujets de conversation vous y menaient, tôt ou tard, inévitablement. Peut-être était-ce la conséquence de trop nombreuses plaisanteries, dans le genre de celles de Peter, sur ceux « qui avaient fait leur part ». Conséquence de cette attitude, il semblait manifester à Sunny Farebrother une hostilité marquée.

Malgré les circonstances de leur mariage, les relations apparentes entre les Stripling semblaient froides, presque cérémonieuses; et le lien qui semblait les unir le plus solidement paraissait, ce qui ne laissait pas d'être bizarre, être Lady McReith, que l'on appelait « Gwen », et dont l'origine et le comportement suggéraient des mystères qu'à l'époque je n'aurais su sonder. D'abord, impossible de me faire une idée de son âge. Quand elle entra pour la première fois dans le grand salon, je crus qu'elle avait l'âge de Jean; mais cela ne dura que quelques secondes, et je lui donnai tout de suite neuf ou dix ans de plus; mais un après-midi que nous traversions la pelouse pour aller jouer au tennis, comme l'air s'était soudain refroidi et que la brise glaciale qui soufflait de la mer balayait l'herbe, elle s'était mise à frissonner en changeant de couleur, son visage était devenu gris et marbré, presque comme celui d'une vieille femme. Elle était grande mais d'aspect fragile, avec des cheveux noirs sur une peau blanche sous laquelle on devinait les veines : elle avait toujours les lèvres rouge vif. Elle avait quelque chose qui faisait songer à la scène, du moins était-ce ainsi que j'imaginais les gens de théâtre. Cette peau claire et ces veines bleues suggéraient une extraordinaire douceur.

« Elle était mariée à un associé de mon père, dit Peter, quand je le questionnai, il a eu une attaque et il est mort dix jours après avoir été fait chevalier – remarquable exemple de choc à retardement. »

Il semblait l'accepter comme si, dans une certaine mesure, elle était nécessaire au bonheur de sa femme, et cependant Jimmy Stripling ne devait pas avoir autant d'affection pour Lady McReith que Babs. Ils se taquinaient pas mal tous les deux, et Stripling adorait lui river son clou, mais il adorait river son clou à n'importe qui. Babs, quant à elle, ne se lassait pas, semble-t-il, de se promener sur la pelouse ou dans la roseraie bras dessus, bras dessous, avec Lady McReith; et au moindre prétexte, les voilà qui s'embrassaient interminablement.

Lady McReith était en excellents termes avec la famille Templer, surtout Peter. Même Mr. Templer lui prenait parfois le bras, pour l'escorter dans la salle à manger à l'heure du dîner, ou en direction du bar roulant, le soir. Quant à Sunny Farebrother, il la considérait avec une hostilité évidente, encore qu'il lui manifestât une parfaite politesse, à tel point que Lady McReith ne parvenait souvent pas à répondre autrement que par un éclat de rire incontrôlable quand il s'adressait à elle : cette habitude qu'elle avait de rire aux éclats étant une de ses caractéristiques principales. Personnellement, elle m'inquiétait, principalement parce que lorsqu'elle parlait, c'était de gens et de choses dont je ne savais rien. Les Stripling riaient toujours bruyamment à ses remarques apparemment dénuées de sens, à propos d'amis qu'ils avaient en commun. A part ce persiflage, elle n'avait pas grand-chose à dire; et à la différence de Jean, on n'avait pas l'impression que ses silences masquaient d'insondables gouffres. Mr. Templer lui disait souvent : « Allons, Gwen, essayez donc de vous conduire en adulte », ce qui provoquait invariablement chez Lady McReith de nouveaux éclats de rire qui la laissaient pantelante. Au dîner, il y avait de ces dialogues entre elle et Peter :

– Pourquoi n'avez-vous pas mis une chemise propre ce soir, Peter?

– Je pensais que celle-ci serait assez propre pour vous.

– Vous devriez un peu vous occuper de votre petit frère, Babs.

– Il est vraiment dégoûtant, n'est-ce pas?

– Qu'est-ce que c'est que tous ces rouges à lèvres en décomposition que Gwen laisse traîner partout dans la maison? Ça finit par ressembler aux lavabos des dames dans un night-club de troisième ordre.

– Vous passez donc beaucoup de votre temps dans les lavabos des dames dans des night-clubs de troisième ordre, Peter? Quel drôle de garçon vous faites!

Sunny Farebrother donnait l'impression de ne pas être du tout à son aise au milieu de ces gamineries, auxquelles il lui fallait bien dans une certaine mesure participer. Mr. Templer tombait de temps en temps dans la morosité, et sa conversation se limitait alors à des monosyllabes : dans les pires des cas, il gelait tout dialogue. Il traitait son gendre avec aussi peu de cérémonie que Farebrother, considérant visiblement que ce serait perdre son temps que de parler de choses sérieuses avec Stripling. Cependant, il était prêt à écouter les vues de Farebrother – vues apparemment raisonnables – sur la façon de considérer les difficultés qu'éprouvaient les Français à l'occasion de la réoccupation de la Ruhr (cela s'était passé un peu plus tôt dans l'année), surtout si l'on considérait la pénurie de fer en gueuses sur le marché mondial. Une fois où Farebrother s'était aventuré à donner son sentiment sur la boxe professionnelle, Mr. Templer alla jusqu'à dire : « Farebrother, vous dites des bêtises. Quand vous aurez vu des matches de boxe pendant quarante ans comme moi, il sera temps de critiquer les responsables du National Sporting. »

Sunny Farebrother ne semblait ressentir aucune amertume de ce traitement déplaisant. Il se contentait de hocher la tête avec un petit rire étouffé, comme s'il était tout à fait du même avis; puis au bout d'un moment, il semblait renoncer à amadouer son hôte et il essayait de se mêler à la conversation qui animait l'autre extrémité de la table. C'est ainsi qu'il était parfois pris sous un feu croisé entre Peter, Lady McReith et les Stripling. J'ignorais si les Stripling avaient souvent rencontré Sunny Farebrother auparavant. Mais ils semblaient en savoir beaucoup les uns sur les autres, tout en restant assez distants, et Stripling ne faisait aucun effort pour dissimuler son aversion. Parfois ils parlaient des affaires de la City; Stripling s'y intéressait, mais probablement en amateur, car il était clair que Farebrother était rarement d'accord avec lui, encore qu'il n'en laissât rien paraître. Après ces légers désaccords, Stripling haussait les sourcils et il faisait des grimaces à Farebrother derrière son dos. Farebrother ne semblait pas s'en émouvoir davantage que lorsque Mr. Templer le rudoyait; mais parfois il manifestait à l'égard de Stripling une camaraderie exagérée, commençant ses phrases par : « Eh bien, Jimmy... », ou faisant mine de vouloir boxer Stripling, et le visant au diaphragme comme pour lui arracher les tripes. C'était moins Stripling que Lady McReith et à un moindre degré Babs qui semblaient mettre Farebrother mal à l'aise. J'en conclus – il se révéla que j'avais vu juste – qu'il s'agissait d'une sorte de désapprobation morale, et que le côté puritain de Farebrother supportait mal Lady McReith en particulier.

Un soir, Mr. Templer sortit soudain de sa bouderie et fit signe à Babs d'emmener les dames hors de la salle à manger; Sunny bondit sur ses pieds pour aller leur ouvrir la porte, et lorsque nous nous rassîmes ensemble, il vint s'installer à côté de moi. Les Templer père et fils se mirent à discuter d'un blocage d'accélérateur sur la voiture de Stripling. Farebrother poussa vers moi la carafe de porto sans se resservir au passage, et dit : « J'ai appris que votre père avait participé à la conférence sur la paix? »

– En partie.

– Je me demandais si nous nous étions trouvés dans les mêmes secteurs.

Je lui racontai de mon mieux comment mon père avait été blessé en Mésopotamie; et qu'après avoir servi au Caire, on l'avait envoyé à Paris vers la fin de la guerre; j'ajoutai que j'ignorais la nature exacte de sa mission. Farebrother sembla déçu de ne pas avoir davantage de détails sur le sujet, mais il continua à bavarder tranquillement à propos de cette conférence, et des gens qu'il y avait rencontrés quand il y avait lui-même travaillé.

« Des gens terriblement intéressants, dit-il. Et l'on s'habitue très vite à déjeuner, par exemple, avec le ministre des Finances de Roumanie, l'ancien, au point de l'appeler " Hilarion " et qu'il vous appelle lui-même " Sunny ". J'ai rencontré M. Venizelos avec lui à plusieurs reprises. »

Je manifestai un respect sincère pour des fonctions qui permettaient de telles rencontres.

« C'était un monde différent », dit Sunny Farebrother.

Il parlait avec plus d'animation que d'habitude; et il semblait laisser entendre que bavarder avec des hommes d'État étrangers était singulièrement plus agréable que de quémander des affaires auprès du père de Peter. Je lui demandai si c'était un travail difficile.

« Quand après cela on fut assez aimable pour me décorer de l'O.B.E., dit Farebrother, je leur ai dit qu'il faudrait que je le porte au derrière car c'était la seule décoration que j'avais jamais gagnée en restant assis sur une chaise. »

Je ne savais pas trop si je devais approuver ou non cette hypothèse inhabituelle, insolente par son manque de respect à l'égard des autorités (si par *on* il désignait ses supérieurs immédiatement responsables pour l'attribution de cette distinction) et, en même temps, modeste dans l'évaluation de ses propres mérites. Sunny possédait le don de vous mettre à l'aise comme si l'on s'était connus depuis longtemps : et je me dis que somme toute j'avais peut-être bien eu raison d'imaginer que ce surnom ne lui venait pas seulement du fait que son prénom était « Sunderland ». Il y avait quelque chose de puéril – auquel *sunny* convenait parfaitement – dans la sincérité de ses manières ; mais malgré cette volonté de s'entendre avec les autres sur leur propre terrain, il avait quelque chose d'inaccessible et de réservé. Il me sembla aussi que je ne m'étais guère trompé dans l'estimation de ses qualités exceptionnelles que j'avais conçue en entendant son nom, et l'évocation de ses faits d'armes. Cependant, avant d'avoir eu le temps de se demander s'il n'existait pas un endroit plus convenable pour l'étalage de ce que j'imaginais devoir être ses nombreuses décorations, sa voix prit un ton plus grave, et il poursuivit :

« Bien sûr, cette conférence, c'était un immense changement après les trois ans et demi qui avaient précédé, à avancer et à reculer au cours des combats entre la Somme et Dieu sait où – et de sacrés combats, je vous en réponds. »

Jimmy Stripling dut entendre le mot « Somme », car je le vis esquisser une grimace, et il se mit à hacher un fragment d'écorce d'ananas qui se trouvait sur son assiette tout en continuant à écouter le diagnostic de son beau-père concernant les troubles internes de la Mercedes.

– Vous allez à l'université? me demanda Farebrother.

– En octobre.

« Croyez-moi, dit-il, tâchez de vous y faire des relations utiles dans le monde des affaires. Ne craignez pas de travailler dur. C'est ce que je me suis dit quand la guerre a été finie – et voici où nous en sommes. »

Il se mit à rire; et moi aussi, sans trop savoir ce qu'il y avait de drôle. Il me semblait que Farebrother possédait ce don de créer une sorte de complicité; encore que ce ne fut visiblement pas le cas avec les Stripling. Lorsque la veille Peter m'avait demandé : « Et que penses-tu de ce vieux Sunny? » j'avais reconnu que Farebrother avait produit sur moi une excellente impression, que je voyais en lui un homme du monde à la fois bienveillant et aimable, mais je n'avais pas dit cela à Peter en ces termes exactement, car de toute façon il ne s'intéressait guère au détail de ce que les gens pensaient les uns des autres. Peter avait ri malgré la réserve avec laquelle j'avais exprimé mon enthousiasme.

– C'est un vieux malin, dit Peter.

– Il est un peu fauché?

– Bah, il doit s'en sortir aussi bien qu'on peut raisonnablement s'y attendre dans la Cité.

– Parce que je le trouvais un peu élimé.

– Ça, c'est le style de Sunny. Ne t'en fais pas pour lui. Je vais peut-être aller travailler dans la même boîte. C'est une sorte de lointain parent, tu sais, du côté de ma mère.

– Jimmy Stripling et lui ne semblent pas trop se plaire?

– A dire vrai, reprit Peter, nous faisons tous un peu marcher Sunny quand il vient ici. Il ne se fâche jamais car il aime bien tirer des tuyaux à mon père, pour ce qu'ils valent.

Ce portrait de Sunny Farebrother ne cadrait pas du tout avec celui que j'avais formé; et j'aurais sans doute été encore davantage choqué à l'idée de le faire marcher, si au fond j'avais cru Peter. Je ne pouvais le suivre, en partie parce que je savais par expérience que sur ces sujets-là, il avait l'habitude d'exagérer, mais surtout parce qu'à cet âge (alors qu'on est prêt à admettre toutes sortes de balivernes) l'opinion que l'on se fait personnellement des gens est presque impossible à ébranler même lorsque ceux qui s'y emploient sont des gens bien placés pour savoir de quoi ils parlent. De plus, il me semblait invraisemblable que Peter – même encouragé par Jimmy Stripling – eût l'audace de s'en prendre à un homme comme Sunny Farebrother, avec les états de service qu'il possédait. Pourtant, plus tard ce soir-là, après notre conversation sur la conférence de paix, il me fut donné d'approfondir les méthodes en usage dans ce conflit Stripling-Farebrother.

Mr. Templer allait toujours se coucher de bonne heure. Ce soir-là, il monta dès que nous eûmes quitté la salle à manger. Jean s'était plainte de migraine, et elle était également allée se coucher. Jimmy Stripling était dans un fauteuil les jambes allongées devant lui. Il mesurait plus d'un mètre quatre-vingts, déjà il s'épaississait un peu, et il donnait toujours l'impression dans une pièce d'occuper plus d'espace qu'il ne lui en revenait légitimement, qu'il fût debout ou assis. Farebrother lisait *The Times*, et il était plongé dans la page des sports avec cette concentration qu'il apportait à toute chose. Babs et Lady McReith étaient assises sur le canapé et elles regardaient le même magazine illustré. Farebrother acheva son article et avant de reposer le journal il en arrangea soigneusement les pages avec son soin habituel pour les mettre toutes bien dans l'ordre. Puis il traversa lentement la pièce pour aller voir Peter qui regardaient des disques, et je l'entendis lui dire : « Quand vous travaillerez à Londres, Peter, je vous recommande vivement de vous procurer un de ces petits appareils que j'utilise moi-même. Cela retourne les cols de chemise, ce qui réduit les notes de blanchisseuse de cinquante pour cent. »

La réponse de Peter m'échappa ; mais, bien que Farebrother eût parlé à mi-voix, Stripling avait entendu la remarque. Se tournant dans son fauteuil, il dit : Qu'est-ce que c'est que votre histoire pour réduire les notes de blanchissage ?

– Rien qui puisse intéresser un rentier comme vous, Jimmy, répondit Farebrother, mais nous autres pauvres esclaves de la City, nous dépensons des fortunes en cols blancs. Alors on vient d'inventer cet appareil breveté qui permet de les retourner. Et une petite firme vient de se former pour les commercialiser.

– Et vous seriez un des directeurs que cela ne m'étonnerait pas, continua Stripling.

– En effet, répondit Farebrother. Nous avons également une ou deux autres petites choses, mais à mon avis, la grande affaire, c'est cette machine à retourner les cols.

– Alors vous essayez d'en refiler une à Peter.

– Si Peter a une once de bon sens, il ne manquera pas cette occasion.

– Pourquoi ne pas vous attaquer à quelqu'un dans votre catégorie?

– Vous en voudrez un, Jimmy, quand vous aurez vu comment cela marche.

– Je vous parie bien que non.

Ce fut la fin de ce dialogue, car ils allèrent chacun dans leur chambre, Stripling revint avec une boîte en cuir à ranger les faux cols et Farebrother avec un appareil qui ressemblait à une tondeuse à chevaux qui aurait été en bois. Tout cela suscitait chez Stripling le plus grand amusement. Il redescendit le premier et nous assura que ce « vieux Sunny n'a pas fini de se faire mettre en boîte ». Babs et Lady McReith commencèrent à manifester quelque intérêt pour ce qui se préparait. Elles posèrent leur exemplaire de *The Tatler* et mirent leurs pieds sur le canapé. Farebrother se planta au milieu de la pièce avec son appareil. « Bon, eh bien, donnez-moi un de vos cols, Jimmy », dit-il.

On ouvrit la boîte de cuir, et l'on introduisit un col entre les mâchoires de l'appareil. Farebrother referma la machine sur le bord du col, elle avança de cinq centimètres, on entendit un craquement, le col était déchiré. On réussit à l'extraire avec difficulté. Tout le monde riait aux larmes.

– Qu'est-ce que j'avais dit? s'exclama Stripling.

– Désolé, Jimmy, dit Farebrother, ce col a dû être lavé trop souvent.

– Mais il est presque neuf. Vous avez dû mal vous y prendre.

Stripling choisit un col et l'enfila sur la machine. Il perdit prise à la moitié, si bien que le col se retrouva plié plus ou moins en diagonale.

« Vos cols n'ont pas la même forme que les miens, dit Farebrother, et ils ne semblent pas posséder la même élasticité. »

Farebrother essaya une nouvelle fois, avec à peu près les mêmes résultats qu'auparavant; ensuite tout le monde voulut essayer à son tour. La difficulté consistait à tenir l'instrument bien serré tout en le faisant avancer bien droit. Babs et Lady McReith chiffonnèrent leur col, Peter et moi nous déchirâmes le nôtre comme nous arrivions dans les derniers centimètres. Farebrother essaya encore une fois, et obtint un résultat impeccable.

« Eh bien voilà, dit-il. Comment faire mieux? »

Malgré tout, comme trois de ses cols étaient perdus, et que trois autres étaient bons à envoyer à la blanchisserie, Stripling n'était pas très content. L'utilité de la machine à retourner les cols de Farebrother avait certainement été mise en cause, n'empêche qu'il avait bien l'impression d'être le dindon de la farce.

– Il y a quelque chose qui ne va pas dans vos cols, mon vieux, ajouta Farebrother. Ce n'est pas facile du tout avec eux. Vous y gagneriez peut-être à long terme en choisissant un modèle plus cher.

– Ils sont déjà diablement chers comme cela, répondit Stripling. Bien assez cher pour en faire ça, en tout cas.

Cependant, toute l'assistance, et sa femme également, s'était prodigieusement amusée avec toutes ces tentatives pour faire marcher la machine si bien que Stripling, tout furieux qu'il fut, dut en rester là. Je pense que Farebrother comprit que sa démonstration, d'un point de vue commercial, n'avait pas été une parfaite réussite, si bien que sa victoire sur Stripling semblait à ses yeux moins complète qu'elle ne l'aurait été autrement. Il ne tarda d'ailleurs pas à regagner sa chambre en emportant sa machine, prétendant qu'il avait « du travail à faire », ce qui lui attira un certain nombre de plaisanteries, auxquelles il répondit en disant : « Ah, Jimmy, je ne suis pas un homme riche comme vous. Je dois gagner mon pain quotidien. »

Stripling était certainement ravi de le voir partir. Il lui fallait sans doute le temps de se remettre après ce qu'il considérait visiblement comme une défaite, dans une affaire de cols. Peter mit le phonographe en marche, et Stripling le rejoignit dans ce coin de la pièce, et tandis que les nerfs de Stripling s'apaisaient, ils jouèrent à un jeu avec des allumettes. Peu après, je fis au sujet de Lady McReith une découverte tout à fait passionnante; elle venait juste de discuter un pas de danse avec Babs, tandis que je regardais les disques que Peter avait disposés en piles. Pour expliquer quelque chose à propos de fox-trot, Lady McReith bondit soudain de son canapé, me prit le bras et, le glissant autour de sa taille, m'entraîna dans sa danse. « Comme ça ? » demanda-t-elle en se retournant vers Babs; et tout en me tenant enlacé, elle refit les mêmes pas à l'envers : « Ou comme ça ? » Cela avait commencé de façon si soudaine, et en ce qui concerne Lady McReith avec tant de naturel, que Peter et Stripling ne levèrent même pas le nez de leur jeu, mais – je ne jouais cependant que le rôle d'un mannequin – je découvrais soudain avec stupéfaction que la position de Lady McReith dans la vie s'établissait dans un monde de réalités physiques dont je ne savais presque rien. Jusque-là les rapports avec elle m'avaient paru extraordinairement difficiles, comme hôtes de la même demeure, et soudain, la merveilleuse aisance avec laquelle elle glissait sur le parquet luisant, la façon dont nous étions enlacés sans que cela lui ôtât rien de sa distance et de sa réserve, le parfum pénétrant dont elle s'inondait, et surtout l'impression que tout cela offrait encore autre chose, une violente affirmation de la volonté, me grisa – presque littéralement. Cette révélation était beaucoup plus universelle dans ses implications qu'une simple attirance physique à l'égard de Lady McReith. En un éclair, je comprenais non seulement ses possibilités, et elles n'étaient pas négligeables, mais également toutes celles que la vie peut offrir ; et mon émotion principale, c'était la surprise.

Cette scène ne présentait naturellement d'intérêt que pour moi, puisque son importance n'existait que dans ma conscience. Il ne me serait jamais venu à l'idée d'en parler à Peter, certainement pas dans la même optique que la mienne, car à ses yeux, je le comprends aujourd'hui, les conséquences auraient paru si évidentes que ma stupidité l'aurait consterné : stupidité qu'il n'aurait pas manqué de condamner dans les termes vifs qui lui étaient habituels. Un sens aigu du point de vue de Peter sur le sujet entraînait logiquement une meilleure appréhension des éléments qui contribuaient à constituer la personnalité de Lady McReith, personnalité tellement transformée désormais à mes yeux. Or, nous n'avions fait que danser jusqu'au bout du disque, puis elle avait tourbillonné jusqu'au canapé où elle se laissa tomber à côté de Babs, et lui passa un bras autour du cou. Stripling traversa la pièce pour aller se verser un autre whisky. Il dit : « Il faut que nous trouvions une autre façon de mettre ce vieux Sunny en boîte. Parce qu'il commence à être beaucoup trop content de lui. »

Lady McReith riait aux éclats en se tortillant, sur le point de suffoquer si bien que Babs, se dégageant de son étreinte, entreprit de la secouer jusqu'à ce qu'elle se calme et, toujours riant, elle réussit à dire : « Jimmy, cette fois-ci, essayez d'imaginer quelque chose de vraiment drôle. » Je lui demandai de me raconter certaines de ces mises en boîte dont Farebrother avait été la victime. Peter me décrivit un certain nombre de blagues plutôt innocentes et qui, rétrospectivement, me parurent assez médiocres. Plusieurs suggestions furent faites, mais sur le moment il n'en sortit rien; cependant, d'un sens, la discussion devait amener cette scène bizarre qui se déroula le dernier soir de mon séjour.

Lorsque je repense au bal donné par les Horabin, et qui eut lieu ce dernier jour, ce bal ne fut qu'un prélude aux événements qui devaient suivre. A l'époque, cette soirée me sembla très importante, non seulement à cause de ses conséquences immédiates à notre retour chez les Templer – comme je me sentais moins directement concerné, je m'y intéressai moins – mais aussi en raison du comportement de Jean Templer pendant ce bal, comportement qui dans une certaine mesure devait cristalliser les sentiments que j'éprouvais à son égard; en même temps, cette soirée devait précipiter chez moi toute une série d'émotions et de prises de conscience, les premières d'une longue série qui allait suivre. Longtemps après, d'ailleurs, les Horabin me parurent importants pour cette seule raison. Il se trouve que je suis tout à fait incapable de me rappeler l'incident précis qui devait montrer à l'évidence que Jean pouvait m'en préférer un autre; et je ne me rappelais pas davantage le visage de cet heureux mortel – c'est ainsi qu'il m'apparut sur le moment – un an ou deux ans après. Je crois cependant qu'il s'agissait seulement d'une danse qu'elle m'avait refusée; et que le cavalier qu'elle m'avait préféré me laissa le souvenir vague d'un personnage légèrement plus âgé que moi, avec peut-être bien un visage rougeaud et une moustache blonde. Même si mes souvenirs sont exacts, il n'en reste pas moins que rien ne serait moins dénué d'intérêt que la façon dont je ressentis le choix de Jean. Il n'existait pas la plus infime raison, à la suite de mon séjour chez les Templer, qui pût me permettre de me croire le moindre droit sur elle alors que ce jeune homme à moustache en possédait peut-être d'excellentes. A l'époque, ce point ne me frappa pas; la déception et l'irritation que j'éprouvai si violemment sur le moment ne furent pas apaisées par l'idée, qui ne me vint que beaucoup plus tard, que cette sorte de sentiments – comme ceux que j'avais éprouvés au cours de cet épisode avec Lady McReith – constituaient les étapes nécessaires pour passer d'un âge de la vie à l'autre.

Une des conséquences de l'intérêt passionné, et en partie inattendu, que j'avais porté à Jean au cours de ce bal fut de détourner mon attention de tout ce qui ne la concernait pas directement; si bien que, comme nous rentrions chez les Templer après cette soirée, un certain nombre de choses qui avaient dû se développer au cours des heures précédentes m'échappèrent complètement. J'étais assis à l'arrière d'une limousine conduite par un chauffeur, Peter était à côté de la fenêtre de droite, et Lady McReith entre nous deux. Pendant la première partie du trajet, je fus bien conscient qu'une dispute se poursuivit sous le lourd plaid de voyage qui nous recouvrait tous les trois; mais je n'avais pas remarqué comment ou pourquoi elle n'était pas restée avec les Stripling. Sans doute était-ce dû à la nécessité de raccompagner chez eux un certain nombre d'invités au bal qui avaient dîné chez les Templer. Peu importe la raison, une des conséquences de cette répartition dans les voitures avait été que Jean et Sunny Farebrother s'étaient retrouvés dans la Mercedes des Stripling. Nous avancions sous les étoiles étincelantes, Peter et Lady McReith étaient enfin silencieux, peut-être s'étaient-ils endormis, cependant son bras continuait d'être parcouru de décharges électriques, comme si son corps même endormi ne parvenait pas à trouver le calme.

En arrivant à la maison, je n'éprouvai aucune envie d'aller me coucher. Je devais le lendemain rentrer à Londres. Farebrother voyagerait par le même train. Nous avions décidé de partir tard afin de profiter de la matinée pour nous reposer après les fatigues de ce bal. Pour une fois, Peter semblait avoir hâte d'aller se coucher, et il nous souhaita le bonsoir avant de regagner sa chambre. Les Stripling étaient arrivés avant nous et ils déambulaient fiévreusement, parlant de « faire une descente sur la cuisine », des œufs, du bacon, et un petit quelque chose à boire, bref, ne manifestant aucune envie de voir la soirée s'achever. Lady McReith affirma qu'elle se sentait épuisée. Il semblait évident que Sunny Farebrother souhaitait aller se coucher aussi vite que possible. Ils montèrent l'escalier ensemble. Babs finit par aller à la cuisine et elle en rapporta un assortiment de victuailles : cela permettrait de retarder l'heure de mettre un terme aux réjouissances. Son mari faisait les cent pas, se montant contre Sunny Farebrother qui, apparemment, s'était montré particulièrement insupportable pendant le trajet du retour. Jean était montée directement à sa chambre; mais au bruit des voix elle redescendit, et se joignit au pique-nique qui s'organisait.

« Vous avez entendu ce qu'il a dit à propos de la voiture pendant le retour? demanda Stripling. Parler de ses accélérations, il ne manque pas de toupet. Alors qu'il est trop radin pour avoir autre chose qu'une vieille Ford dans un tel état qu'on n'en voudrait même pas à la ferraille; et d'ailleurs, il se garde bien de s'en servir, il préfère se faire promener. »

« Vous avez vu les bagages de Mr. Farebrother? demanda Jean. Il a déjà tout entassé devant la porte de sa chambre, comme s'il avait l'intention de se précipiter à la gare dès l'aurore. On dirait qu'il part pour la chasse au gros gibier. »

Je me suis demandé par la suite si elle avait dit

cela avec une intention malveillante. Elle ne semblait pas avoir envie de provoquer des incidents, encore qu'il ne soit pas impossible de lui attribuer la responsabilité des événements qui allaient suivre. En tout cas, cela fit dire à sa sœur : « Et si nous allions jeter un coup d'œil à ces bagages ? Cela donnerait peut-être une idée à Jimmy pour une de ses farces. En tout cas, il me semble que c'est l'heure de se retirer. »

Il y avait indiscutablement une fameuse pile de bagages devant la chambre de Farebrother : plusieurs valises; une canne à pêche et son épuisette; une batte de cricket et des jambières; une raquette de tennis dans une presse; un étui à fusil; et une boîte en fer comme celles qui servent à ranger les actes notariés, avec inscrit à la peinture blanche : « Exors : Amos Farebrother Esquire. » Au sommet de l'édifice, antique dans l'ensemble, se dressait le carton à chapeau, dont le propriétaire affirmait qu'il contenait le chapeau rendu obligatoire par les rites de la City. Babs montra l'objet du doigt; son mari dit : « Oui, vous avez vu ça ? Même un fripier juif hésiterait à se poser ça sur la tête. »

Stripling s'avança sur la pointe des pieds et sortit le haut-de-forme en soie, qui aurait paru dépenaillé même sur un croque-mort. Stripling examina le chapeau pendant quelques secondes, le remit dans sa boîte et dit : « Allez vous cacher mais sans en rien perdre. Je vais préparer une petite surprise pour ce vieux Sunny quand il arrivera à son bureau. »

Ma chambre était à côté de celle de Peter à une des extrémités du couloir, celle de Farebrother au milieu, les Stripling étaient logés au coin, et Jean encore plus loin. Stripling dit : « Quel dommage que Gwen et Peter ne soient pas là pour voir! Il faudra leur raconter cela. Attention. »

Il me fit un signe et j'entrai dans ma chambre, d'où je pouvoir voir dans le passage par l'embrasure. Stripling, Babs et Jean étaient invisibles; et j'imagine que les deux femmes étaient restées à l'intersection du couloir, d'où elles pouvaient voir les bagages de Farebrother. J'étais là depuis au moins cinq minutes, à regarder par l'entrebâillement. Il faisait maintenant grand jour, et des couleurs vives éclaboussaient les couloirs, là où le soleil traversait les stores transparents. Je continuai cette interminable veille. Je commençais à avoir vraiment sommeil, et le temps me semblait si long que j'avais bien envie de refermer la porte et d'aller me coucher. C'est alors que Jimmy réapparut soudain. Il avança d'un pas léger, avec à la main un petit pot de chambre vert.

Comme il s'approchait, je compris soudain que Stripling se proposait de substituer cet objet au haut-de-forme, dans le carton à chapeau de Farebrother. Ma réaction immédiate fut que la différence de taille empêcherait peut-être de réaliser ce projet; je n'avais pas examiné l'intérieur du carton, qui semblait plus grand que le modèle habituel, probablement conçu pour loger les chapeaux plus vastes d'une génération antérieure, et dont on avait pu éventuellement ôter la garniture pour y ranger différentes choses. Un tel usage ne m'aurait pas autrement étonné de la part de son propriétaire. En tout cas, Stripling avait dû vérifier ce qu'il en était, car un petit sourire passa sur son visage montrant qu'il était en terrain sûr. Sans doute pour corser le spectacle, il leva le récipient de porcelaine entre ses deux mains au-dessus de lui, comme si cela avait été une urne sacramentelle. En voyant le vase sous cet angle, je changeai d'avis en ce qui concerne son volume, et je me dis que somme toute il tiendrait parfaitement dans la boîte. Cependant, avant même que ce problème de taille et de forme pût être résolu d'une façon ou d'une autre, il se passa quelque chose qui modifia matériellement la suite des événements : la porte de Farebrother s'ouvrit soudain violemment, et Farebrother apparut sur le seuil; il portait encore sa chemise empesée et son pantalon de smoking, mais il avait ôté son col dur. Il me vint à l'esprit qu'il connaissait peut-être quelque mystérieux procédé pour remettre à neuf les cols à coins cassés aussi bien que les cols rabattus, et qu'il était justement en train de métamorphoser le col qu'il avait porté à la soirée des Horabin.

Stripling fut entièrement pris au dépourvu. Il s'arrêta pile : sans changer la position de ses mains, cependant, ou de son fardeau. Comprenant sans doute qu'il n'y avait rien d'autre à faire, il poursuivit son chemin d'un pas vif, il passa devant ma porte et disparut en direction de l'aile où se trouvait la chambre de Mr. Templer. Farebrother le regarda, sans dire un mot, s'éloigner. S'il était surpris il n'en montra rien, sauf un haussement de sourcils, qui d'ailleurs était un tic fréquent chez lui. Stripling quant à lui s'était fait un masque qui exprimait moins la colère ou la déception qu'une réelle douleur physique. Comme il passait à grands pas devant moi, je remarquai que la sueur perlait sur son visage et à la racine de ses cheveux un peu crépus. Farebrother resta un moment à regarder dans la direction que Stripling avait prise, comme s'il s'attendait à le voir revenir. Puis, avec une expression peinée et soucieuse, il referma très doucement sa porte. Je fermai la mienne à mon tour, car je ressentais une immense fatigue.

Peter était dans le jardin, en train de taper sur une balle de golf avec son mashie, lorsque je le revis le lendemain. La matinée était déjà très avancée, mais tous les autres étaient encore dans leurs chambres. J'avais très envie de raconter à Peter cette scène qu'il avait manquée entre Farebrother et Stripling. Quand j'arrivais près de lui, il lança sa balle qui disparut parmi les pins du parc. Comme nous nous dirigions vers l'endroit où elle aurait dû tomber, je commençai à lui raconter ce qui s'était déroulé après qu'il se fut retiré en rentrant du bal. Nous finîmes par retrouver la balle dans les fougères, et Peter la renvoya au centre de la pelouse, où elle vint s'arrêter à côté du cadran solaire. A ma grande surprise, il semblait à peine s'intéresser à un des incidents les plus remarquables auxquels il m'eût été donné d'assister. Je me dis que cette attitude était peut-être due au fait que pour une fois l'idée n'était pas venue de lui; encore que cela n'était guère dans sa manière de manifester ainsi sa déception.

– J'aurais peut-être dû aller te prévenir discrètement dans ta chambre qu'il allait se passer quelque chose.

– Peut-être ne m'aurais-tu pas trouvé.

– Et pourquoi cela?

– J'aurais pu ne pas être là.

Son regard prit cet éclat métallique qui lui était habituel. Je compris qu'il était très content de lui à cause de quelque chose de particulier : quelle était la cause de cette satisfaction, je ne le compris pas immédiatement, et je ne fis aucun effort pour résoudre l'énigme qu'il posait. Nous parlâmes de notre prochaine rencontre, et d'une sortie que nous pourrions organiser avec Stringham pour Noël.

« Et attention aux petites Françaises », dit Peter.

Par le plus grand des hasards j'eus l'occasion de découvrir un autre aspect de ce qui s'était déroulé la veille au soir, et qui expliquait la vive satisfaction que Peter semblait éprouver. Le moment était venu d'aller prendre notre train. Ni les Stripling ni Lady McReith n'avaient encore fait leur apparition, mais le père de Peter était là à flâner. Il dit : « J'espère que vous vous êtes bien amusé, Jenkins, et que votre séjour n'aura pas été trop monotone. Peter se plaint toujours qu'ici il n'y a rien à faire. »

Jean vint dire au revoir.

– J'espère que nous nous reverrons.

– Oh oui! répondit-elle, il le faut absolument!

Comme j'allais monter en voiture, je me souvins soudain que j'avais laissé un livre dans le petit salon.

– Je vais aller le chercher, dit Peter, je sais où il est.

Il disparut dans la maison et je le suivis, car je pensais que ce livre avait dû glisser derrière un des coussins du fauteuil où je m'étais assis. Comme je franchissais la porte, je le vis à l'autre extrémité de la pièce, en train de chercher quelque chose parmi les lettres et les livres qui se trouvaient sur la table et, comme j'avançais, la porte du fond s'ouvrit et je vis apparaître Lady McReith. Elle ne me vit pas et resta debout une seconde, souriant à Peter. Puis soudain elle lui dit : « Attrapez », et elle lui lança quelque chose qu'il attrapa au creux de sa paume.

« Merci, Gwen, dit-il. La prochaine fois, j'y penserai. »

Et je vis qu'il mettait sa montre-bracelet. J'étais entré dans la pièce et j'allai chercher mon livre – *If Winter Comes* – qui était resté sur la banquette devant une fenêtre. Je dis au revoir à Lady McReith, elle me répondit avec des éclats de rire, et Peter revint avec moi à la voiture en disant : « Cette pauvre Gwen est complètement folle. » Sunny Farebrother était encore plongé dans je ne sais quelle transaction financière avec Mr. Templer, puis il s'arrêta pour lui adresser des remerciements interminables. Et nous prîmes de concert le chemin de la gare.

La façon dont Lady McReith avait rendu sa montre à Peter n'était que le signe extérieur visible de ce qu'avaient été ses occupations à son retour de chez les Horabin. Le fait qu'un pas décisif avait été franchi dans ses relations avec Lady McReith semblait tout aussi évident à en juger par ce je ne sais quoi dans l'air quand ils se parlaient, et qui semblait tout à fait explicite. Le jet de cette montre n'en était en quelque sorte que la manifestation physique. A la lumière de la remarque antérieure de Peter à propos de son éventuelle absence pendant que se tramait la plaisanterie dont Sunny Farebrother aurait dû être la victime, cette découverte ne révélait peut-être pas une intuition bien remarquable, surtout si l'on songe à l'attitude générale de Lady McReith et à sa façon désinvolte de faire allusion au comportement de ses amis. En même temps – comme au cours d'une de ses aventures antérieures – la hardiesse de Peter apparaissait au grand jour, ce qui venait confirmer l'idée que je me faisais de lui comme d'une sorte de pionnier, dans ce pays qui devenait de plus en plus familier, tout en demeurant encore largement inexploré. C'est à cette époque que je commençai à le considérer comme une nature plus énergique que Stringham, hypothèse qui ne m'aurait jamais effleuré au début de notre amitié.

Ces pensées furent interrompues par Sunny Farebrother, qui me murmura à l'oreille, encore que deux châssis vitrés nous séparassent du chauffeur : « Est-ce que vous alliez lui donner quelque chose? » Plutôt surpris de cette question, j'admis que j'avais songé à lui donner deux shillings. J'espérais qu'il n'allait pas dire que j'aurais pu aller jusqu'à une demi-couronne. Mais il hocha gravement la tête, comme pour manifester son parfait accord, et dit : « C'est ce que j'avais pensé; mais je m'aperçois que je n'ai qu'un shilling de monnaie; ajoutez-le donc à votre florin, et cela fera trois shillings pour nous deux. »

Le moment venu, je me contentai de tendre les pièces au chauffeur; ce dernier, se rappelant peut-être d'autres visites, ne parut pas autrement déçu. Malgré l'amoncellement de bagages, les efforts extraordinaires que déploya Farebrother firent que nous pûmes nous dispenser de l'aide d'un porteur.

– Vous savez, un sou est un sou, dit-il tandis que nous attendions le train. J'espère que vous ne voyagez pas en première classe, autrement il va falloir nous séparer.

La question ne se posa pas, nous nous trouvâmes un compartiment de troisième qui était vide, et nous empilâmes les différents bagages de Farebrother dans les filets. Ils remplissaient presque le compartiment.

– Il faut être prêt à toutes les éventualités, dit-il, en désignant sa batte et ses jambières. Vous jouez au cricket?

– Plus maintenant.

– Je n'y tiens plus trop tellement moi-même, dit-il, mais un joueur de cricket produit toujours une excellente opinion.

Pendant environ trois quarts d'heure il se consacra à la lecture du *Times*. Puis nous nous mîmes à parler des Templer; Farebrother aborda le sujet en chantant les louanges de Peter, ce qui provoqua chez moi une certaine surprise; car j'avais l'habitude d'entendre les adultes parler de Peter en commençant par affirmer presque invariablement qu'il était absolument nécessaire qu'il s'améliorât, s'il était destiné à faire dans la vie quelque chose de convenable. Ce n'était pas du tout le point de vue exprimé par Farebrother, qui semblait considérer Peter comme un des jeunes gens les plus prometteurs qu'il eût jamais rencontrés. Tout entiché que je fusse de Peter à l'époque, je ne voyais pas ce qui pouvait tellement séduire Farebrother chez lui, et du même coup, c'était la personnalité de Farebrother qui devenait mystérieuse pour moi.

« Peter devrait bien réussir, dit Farebrother. Bien sûr, il est un peu vif. Mais il n'y a pas de mal à ça. Il saura se débrouiller. Il est plein de vie. Vous ne trouvez pas? »

J'avais déjà remarqué chez lui cette façon de vous demander votre avis, et cela me flattait énormément de ne plus être traité en collégien.

« Naturellement son père est un vieux monsieur tout à fait estimable, poursuivit Farebrother. Un homme vraiment très bien. Impitoyable, mais très bien. »

Je me demandais quel avait été le résultat de leurs négociations, où l'autre avait sans doute pu manifester toute l'étendue de ses qualités. Peut-être Farebrother s'était-il mis à y penser de son côté, car il tomba dans un profond silence, et poussa une ou deux fois de profonds soupirs, avant de finalement faire remarquer :

– N'empêche que cette fois-ci, eh bien, je crois bien avoir gagné.

Comme il s'agissait visiblement d'une affaire confidentielle entre son hôte et lui, je ne me risquai à aucun commentaire. Un peu plus tard, il me demanda : « Et que pensez-vous de Stripling? »

Je fus à nouveau très flatté qu'il me demandât ainsi mon sentiment; encore que je dusse bien m'avouer que le soir d'avant, j'avais été tout aussi heureux de voir Stripling m'associer, comme si cela était allé de soi, à son projet de farce contre Farebrother. D'ailleurs, encore que cela eût raté, je ne pouvais m'empêcher de me sentir encore vaguement coupable de cette complicité avec Stripling. Il me sembla donc nécessaire, à moins de me faire l'impression du faux jeton intégral, de m'en sortir par quelque réponse très évasive. En conséquence, et bien qu'en somme ce Stripling ne m'eût guère plu, je répondis en termes vagues, et je terminai par une question sur les succès automobiles de Stripling.

– Ce type m'échappe un peu, dit Farebrother. Il a certainement ses bons côtés, et énormément d'argent. Et il gagne assez fréquemment les courses auxquelles il participe. Mais je trouve qu'en général il semble un peu trop content de lui.

– Comment était le premier mari de Babs?

– Très différent, répondit Farebrother, sans entrer dans les détails.

Il baissa la voix, comme il l'avait fait dans la voiture, alors que nous étions seuls dans le compartiment.

« Il s'est passé une drôle de chose hier soir quand nous sommes rentrés de ce bal, dit-il. Comme vous le savez, je suis remonté directement à ma chambre. J'ai commencé à me déshabiller, et je me suis souvenu tout à coup qu'il y avait un article dans *The Economist* que j'avais apporté avec moi auquel je voulais jeter un coup d'œil. J'ai découvert que j'ai la cervelle plus claire pour ce genre de choses tard le soir. »

Il s'arrêta un instant et hocha la tête, laissant entendre que ces veilles studieuses lui étaient familières. Puis il ajouta : « Il m'a semblé entendre pas mal d'allées et venues dans le couloir, accompagnées de chuchotements. Or au cours d'un de mes séjours précédents chez les Templer, ils m'avaient fait mon lit en portefeuille, et je me suis dit qu'il devait se tramer quelque chose. J'ai ouvert la porte. Et vous savez ce que j'ai vu? »

A ce stade de l'histoire, il m'était impossible d'admettre que je savais ce qu'il avait vu, et la seule solution consistait à répondre non, ce que j'exprimai en secouant la tête un peu à la façon de Farebrother lui-même. Je commençais à me sentir un peu mal à l'aise.

– Eh bien, il y avait Stripling qui arpentait le couloir un pot de chambre entre les mains comme s'il participait à quelque cérémonie.

Je hochai la tête, cette fois-ci pour manifester ma stupéfaction. Mais Farebrother n'était pas prêt à abandonner son sujet. Il reprit :

– Que diable était-il en train de faire?

– Je ne vois vraiment pas.

– Il a manifestement été très contrarié que je le voie ainsi. Enfin, je veux dire, que diable pouvait-il bien fabriquer?

Farebrother se pencha en avant, les coudes sur les genoux, à me jeter cette question au visage, comme s'il avait été un éminent avocat, et moi le témoin à la barre.

– C'était peut-être une plaisanterie?

– C'est ce que je me suis dit d'abord; mais il avait l'air parfaitement sérieux. Bien sûr, on nous répète tout le temps que sa santé n'est pas terrible.

J'essayai quelques suggestions vagues qui ne m'engageaient à rien, pour essayer d'expliquer l'incident.

« Cela ajouté au reste de son comportement,

reprit Farebrother, m'a laissé une mauvaise impression. »

Nous arrivions à Londres. Comme nous nous séparions, Sunny Farebrother me fit un de ses sourires si honnêtes, et me dit : « Il faudra que nous déjeunions ensemble un de ces jours. Je ne vous propose pas de vous déposer quelque part, je file droit à la City. » Il empila soigneusement ses embarrassants bagages dans un taxi, et disparut de ma vie pendant vingt ans.

Être amoureux, c'est une affaire compliquée; encore que celui qui est prêt à prétendre que l'amour est une affaire simple et sans détours se trouve toujours en position de force pour faire des conquêtes. En général, les choses tournent mal pour au moins un des partenaires; et à terme seuls les plus fervents refusent d'admettre qu'une liaison sérieuse n'est pas nécessairement simple, alors que ces enthousiastes si déterminés ont généralement fini par donner au mot un sens à eux bien différent de ce qu'il signifie pour la plupart des gens au début de leur existence. A cette époque les manifestations de l'amour sont moins facilement explicables que par la suite : souvent elles n'apparaissent pas alors comme l'espèce de jeu, ou de joute qu'elles deviendront plus tard. En conséquence, lorsque je pensai à Jean Templer, dont j'avais décidé que j'étais amoureux, l'analyse de la situation n'apporta aucun soulagement aux pensées quasi obsessionnelles qui accaparaient mon esprit après mon départ de chez les Templer. Et c'est principalement à elle que je pensai pendant mon voyage à travers la France en direction de la Touraine.

Ce voyage commença sous un soleil flamboyant. Ce n'était pas la première fois que je venais en France, mais c'était la première fois que j'y allais seul. Comme la journée s'avançait le velours qui recouvrait les banquettes du réseau de l'État prit la consistance d'un pelage d'animal surchauffé, se tortillant et ondulant comme pour échapper à cette incandescence accablante. J'allai déjeuner au wagon-restaurant où je bus du vin rouge ordinaire particulièrement acide. A mon retour, la voiture me parut plus étouffante que jamais, et le train encore plus bondé. Un monsieur d'un certain âge avec un chapeau de paille, des gants noirs et une barbe assyrienne, s'était installé à ma place. Je me dis que cela éviterait des discussions si je restais un moment dans le couloir, et qu'il y ferait peut-être plus frais. Je réussis à me glisser devant la fenêtre entre une gamine d'une quinzaine d'années qui, l'air concentrée, collait son visage blafard et anguleux au carreau, et un jeune soldat, maigrichon à lunettes, lancé dans une discussion politique animée avec un énorme ecclésiastique qui convoyait un groupe de petits garçons. Le couloir fut bientôt bondé à un point inimaginable, et je me retrouvai loin de la porte de mon compartiment, à cheval dans une position peu stratégique sur une malle d'osier fermée par une courroie dont la boucle me blessait la cheville, tandis que le train poursuivait sa route en cahotant. J'étais entouré d'une foule énorme de vieilles femmes en noir, et l'une d'elles transportait même une couette qui faisait partie de son bagage.

Le vin m'avait d'abord stimulé; mais bientôt ce sentiment de bien-être se changea en lourdeur et en désespoir. J'avais la tête qui bourdonnait. Le soldat et le prêtre étaient maintenant en train de se disputer. La fille appuyait son nez au carreau, où il avait formé un petit rond de buée devant son visage. Finalement les élancements de ma tête devinrent si violents que je me résignai à évincer mon barbu. Après une brève discussion préliminaire au cours de laquelle je devais lui faire remarquer que cette place était réservée, j'expliquai cela aussi bien que les circonstances et ma maîtrise de la langue me le permettaient, il déclara sèchement : *« Monsieur, vous avez gagné »*, et me céda le terrain avec résignation et une certaine dignité. Une fois dans le couloir, il esquiva adroitement le prêtre et ses disciples et, tout en manifestant une agilité surprenante pour son âge et sa corpulence, il s'installa sur la malle d'osier, qu'il réussit presque aussitôt à disloquer définitivement, et c'est installé sur ses ruines qu'il poursuivit la lecture du *Figaro*. Il semblait connaître la demoiselle, peut-être sa fille, car à un moment il se pencha pour lui pincer le mollet tout en lui communiquant une réflexion; quant à elle, elle continua à contempler d'un air grognon le paysage qui défilait devant elle; parfois parmi les arbres on voyait passer un château blanc qui se dressait là, étincelant comme un énorme gâteau d'anniversaire oublié dans les bois à l'issue d'un pique-nique. Lorsque j'atteignis enfin ma destination il ne faisait plus aucun doute que j'avais vraiment très mal au cœur.

La famille française qui allait m'accueillir était

celle d'un officier d'infanterie en retraite, le commandant Leroy, qui avait connu mon père à Paris vers la fin de la guerre. Je ne l'avais jamais rencontré mais sa description, un petit homme paisible écrasé par une épouse dominatrice, m'était déjà familière, si bien que j'espérais n'avoir aucune difficulté à reconnaître Madame Leroy sur le quai de la gare. De fait, son identité me laissa peu de doutes lorsque mes yeux se posèrent sur elle. Grande et majestueuse, elle était tout de noir vêtue. Une femme d'un certain âge l'accompagnait, surmontée d'un chapeau en forme de cône garni de fleurs artificielles luxuriantes. Je devais être moi-même également très reconnaissable car, avant même que les voyageurs ne se fussent dispersés, elle s'avança vers moi le sourcil levé, et me décocha un sourire qui me souhaitait la bienvenue non seulement dans sa demeure, mais dans la France entière. Je leur serrai la main à toutes les deux, mais Madame Leroy fit un geste, sinon de remontrance, au moins de désapprobation comme je serrais la main de ce satellite, visiblement quelque suivante, et cette dernière dégagea hâtivement ses doigts, retirant sa main, apparemment tout à la fois offusquée et effrayée. Ayant ainsi rejeté toute responsabilité en ce qui concernait mon arrivée, Rosalie, car c'est ainsi qu'elle s'appelait, s'en prit immédiatement au porteur dans un échange verbal peu affable; ce porteur était un jeune homme d'aspect maladif que Madame Leroy avait amené avec elle, et qui semblait complètement écrasé par les deux femmes, châtré par elles de tous les traits agressifs propres à son espèce.

Après des altercations diverses qui l'opposèrent à plusieurs employés des chemins de fer et dont Madame Leroy devait sortir victorieuse, nous grimpâmes dans un taxi vétuste piloté par un personnage vénérable dont la coiffure et la moustache évoquaient un grenadier de Napoléon, grognard vétéran de l'Empire, et qui aurait connu des jours difficiles sous la Restauration, le genre que l'on trouve dans ces toiles académiques d'inspiration patriotique. Même à l'arrêt, son taxi semblait affligé d'une sorte de danse de Saint-Guy, et il était à craindre que ces tremblements et ces mouvements sismiques ne produisissent chez les passagers d'inévitables nausées. Et cet après-midi-là, même un véhicule moins agité aurait eu sur moi le pire des effets, car à l'extérieur de la gare, il faisait encore plus chaud que dans le train. Nous voilà en route, dans des conditions extrêmement défavorables pour moi, en ce qui concerne ma santé; de plus, impossible de me rappeler un seul mot de français, mais Dieu merci, il sembla que cela revenait quand on s'adressait à moi.

Madame Leroy avait certainement été un beau parti dans sa jeunesse. Rendue à la soixantaine, il lui restait encore une simplicité de style classique; elle présentait de vastes proportions, mais bien dimensionnées; son œil était ironique mais sans méchanceté. Elle semblait prête à admettre le pire degré de nullité dans le maniement de la langue française, tout en maintenant une conversation animée, qui somme toute ne semblait pas exiger de réponses, tandis qu'elle me posait des questions concernant la santé de mes parents, ce que je connaissais de Paris, l'éventuelle chaleur estivale de l'Angleterre, et si cette traversée de la Manche n'allait pas gâcher une saison de chasse. Rosalie devait être à peu près du même âge, peut-être un peu plus vieille, elle portait ses cheveux gris empilés au sommet de sa tête en forme de pain de campagne, ses joues portaient de profonds sillons de rides un peu comme celles qui ornaient le nez de l'oncle Giles, mais plus marquées. De temps en temps, elle marmonnait des choses incohérentes, en particulier lorsque des nuages de poussière blanche s'élevaient de la route et s'engouffraient par la fenêtre pour nous recouvrir d'un voile aveuglant qui nous brûlait les yeux, et qui parfois masquait complètement le pare-brise rayé et étoilé, comme si jadis on avait tiré dedans à balle, peut-être au cours de la retraite de Russie. Avec bien du mal, et dans un concert d'imprécations de la part du vétéran, le taxi entreprit l'ascension d'une colline abrupte; dans un virage, il sembla impossible que le véhicule allât plus loin. Nous atteignîmes cependant le sommet, le taxi s'arrêta, dans un dernier paroxysme de vibrations, devant un portail dans un mur blanc. Ce mur couvert de plantes grimpantes longeait la route sur environ cinquante mètres avant d'arriver perpendiculairement à la maison, blanche elle aussi.

« Voilà, dit Madame Leroy, La Grenadière. »

En bas de la colline, à quelque distance, coulait la rivière, que le soleil rayait de bandes bleu et or. Sur ses rives on distinguait les silhouettes minuscules des pêcheurs. Une poussière blanche recouvrait toute la végétation aux alentours; et la maison semblait avoir été bâtie à l'aide du même matériau plus compact et plus durable. Le taxi continuait ses gémissements et ses grognements, tout en répandant une odeur épouvantable. J'en sortis avec un certain soulagement et je me retrouvai sur la route. Madame Leroy franchit le portail devant moi à la façon d'une sorcière qui fait entrer le néophyte au royaume de la féerie : parallèle que la bizarrerie de la scène qu'elle me révélait ne fit que confirmer.

Nous pénétrâmes dans un jardin avec des pelouses et des arbustes mal tenus, et des allées de gravier parsemées de chaises rouillées. Une serre occupait un angle du jardin, elle aussi était recouverte de ces mêmes plantes grimpantes qui garnissaient le mur d'enceinte; elle était bordée de plates-bandes à l'abandon. A première vue, il semblait y avoir là toute une armée de gens, y compris des enfants, qui se promenaient ou qui, assis, lisaient, écrivaient, bavardaient. Madame Leroy, telle Circé, parcourait ce jardin enchanté, ignorant les habitants de son royaume comme s'ils avaient été invisibles, et nous entrâmes dans la maison par une porte vitrée. Le vestibule était sombre comme la nuit, et je butai contre un chien endormi et qui prit cela très mal : Rosalie se mit à vitupérer contre lui. Nous escaladâmes plusieurs étages d'escaliers, Madame Leroy en tête, et nous arrivâmes enfin dans une chambre du dernier étage, une mansarde qui contenait un lit, une chaise, une cuvette avec un broc de zinc sur un trépied. J'aperçus la rivière au loin par la lucarne de cet appartement austère, dont l'un des murs était décoré d'une reproduction en couleurs joyeuses de saint Laurent et de son gril; s'agissait-il d'une plaisante allusion aux ressorts du lit? Rosalie nous avait suivis jusqu'en haut avec un petit broc, et elle versa un peu d'eau tiède, et que teintait vaguement un dépôt, dans la cuvette, accompagnant cette cérémonie d'une sorte d'incantation. Madame Leroy restait plantée là, comme si elle attendait la fin de cette cérémonie; puis, satisfaite sans doute à l'idée que j'étais désormais irrévocablement sous l'emprise de ses pouvoirs occultes, elle s'éloigna noblement, ayant laissé entendre que nous nous rencontrerions probablement dans le jardin, le moment venu. Comme elle s'en allait, elle dit quelque chose à propos de *« l'autre monsieur anglais »* dont la chambre se trouvait à côté de la mienne. Mais pour le moment rien ne m'était plus indifférent que la présence d'un éventuel compatriote.

La porte refermée, je m'allongeai sur le lit. Quelque chose s'était détraqué en moi après ce déjeuner au wagon-restaurant. J'avais d'abord attribué cela au vin, puis je m'étais souvenu que le poisson des hors-d'œuvre dégageait une odeur suspecte. Mais peut-être que c'étaient la chaleur et l'énervement qui étaient les vraies causes de mon malaise. Une vingtaine de minutes plus tard, je me sentis mieux; je me levai et par la lucarne je contemplai un paysage que la rivière traversait, rectiligne comme un canal, entourée d'arbres et de maisons blanches de la même taille et de la même forme que la Grenadière. Je me lavai les mains dans la cuvette, et j'entrepris prudemment la descente de l'escalier.

Comme j'arrivais dans le vestibule, la porte à gauche s'ouvrit soudain et Madame Leroy réapparut. Elle eut un sourire plein de sous-entendus, comme pour me manifester sa satisfaction d'accueillir ainsi un nouveau catéchumène; et elle me désigna le jardin, visiblement avec l'intention de poursuivre mon initiation. La lumière du soleil vespéral nous inonda et nous nous dirigeâmes vers les groupes qui s'étaient formés sur les pelouses. Un homme s'en détacha immédiatement et se dirigea vers nous; c'était son mari, le commandant Leroy. Il était nettement plus petit que sa femme, avec des lunettes bleues et une moustache absolument colossale. En bon anglais (je me souvins qu'il avait été interprète) il me demanda comment s'était déroulé mon voyage, et il m'expliqua qu'il n'avait pas pu aller me chercher à la gare, car sa santé n'était pas trop bonne : il avait été gazé, encore qu'assez faiblement, ajouta-t-il, au cours d'une des attaques allemandes sur Ypres, au début de la guerre, et il souffrait pour le moment en différents endroits de son corps. Madame Leroy l'écouta avec impatience, et elle finit par lui dire d'un ton sec d'aller s'allonger. Il me serra la main à nouveau et se dirigea à petits pas vers la maison. Madame Leroy inclina la tête, comme pour regretter qu'après tant d'années elle ne dominât pas encore parfaitement son mari. Elle me dit qu'elle avait un fils, Émile, qu'ils ne voyaient que de temps en temps car il était instructeur à l'École de cavalerie de Saumur; un autre fils, Marcel, qui servait au Maroc dans les chasseurs d'Afrique; et une fille, Victorine, mariée à un médecin militaire à Saigon.

« Une vraie famille de soldats. »

« Une vraie famille d'officiers », corrigea Madame Leroy, mais d'un ton bienveillant.

Nous poursuivîmes notre promenade dans le jardin. Les personnes qui s'y trouvaient rassemblées semblaient légèrement moins nombreuses que je ne l'avais cru tout d'abord; elles étaient de deux sortes : les hôtes, et les membres de la famille. Elle me présenta ensuite à Berthe, une nièce Leroy, petite brune rebondie qui, assise sur un des sièges, contemplait la vie à travers les fentes de ses yeux verts très écartés dans un visage mobile à la peau mate. Elle était fiancée, m'expliqua Madame Leroy, au fils du chef de cabinet du sous-secrétaire à la Marine. Sa tante en profita pour prononcer quelques paroles édifiantes sur l'institution du mariage; Berthe accueillit cela en réprimant une forte propension à se tortiller en souriant; puis nous en arrivâmes à Suzette, une autre nièce, occupée à écrire des lettres à l'encre mauve, installée à l'une des tables de fer. Suzette était petite et blonde, ce n'était pas une beauté mais elle dégageait instantanément et avec générosité cette décharge sensuelle qui me fit sur-le-champ penser à Jean Templer; et cela provoqua chez moi le retour brutal – et si vif qu'il me sembla presque sentir la présence de Jean dans ce jardin – de cette sensation d'énervement en présence de quelque chose que l'on désire et qui nuit et jour m'accablait davantage. Suzette me serra la main et elle me sourit d'un air de sainte-nitouche. Elle s'assit à nouveau et continua sa lettre, dont la composition réclamait visiblement tous ses soins.

Deux garçons, peut-être des petits-neveux, suivirent, entre neuf et douze ans, avec des traits accentués, et cette expression ironique qui caractérisait Madame Leroy : ils étaient de son côté de la famille. Ils avaient de gros sourcils noirs sur des visages blafards, comme pour faire pendant aux chaussettes bleu marine sur leurs mollets de coq. Ils étaient tous les deux plongés dans leurs cahiers et leurs dictionnaires; ils me serrèrent la main avec beaucoup de politesse, puis ils se remirent au travail, sans relever le nez lorsque nous nous éloignâmes. Ils s'appelaient Paul-Marie et Jean-Népomucène.

Laissant là ces différents rameaux de la généalogie des Leroy, nous arrivâmes aux frontières de la colonie scandinave, d'abord en la personne d'un grand jeune homme – il devait bien mesurer un mètre quatre-vingt-huit ou quatre-vingt-dix – vêtu d'un costume noir, d'une casquette gris perle, avec des chaussures de toile blanche, et qui était en train de lire *Les Misérables* en s'aidant d'un dictionnaire. Ce personnage, m'expliqua Madame Leroy comme j'échappais enfin à sa poigne de fer, c'était Monsieur Örn – c'est du moins ainsi, après d'innombrables hésitations, que je décidai que son nom, prononcé par les autres hôtes de toutes sortes de façons, devait s'orthographier, car pendant tout mon séjour à La Grenadière je ne le vis jamais écrit nulle part; c'était un Norvégien venu là pour apprendre le français, mais qui dans son pays était censé poursuivre des études d'ingénieur. Il y eut dans les yeux bleus inexpressifs de Monsieur Örn comme des signes de perplexité pendant une seconde ou deux, puis cela s'éteignit. J'avais assisté quelques mois auparavant à une représentation de *Maison de poupée* donnée par une compagnie de province et il me semblait, je comprends aujourd'hui à quel point ma suffisance était inadmissible, que je savais tout des compatriotes d'Ibsen.

Comme Monsieur Örn restait bouche bée, nous nous dirigeâmes vers Monsieur Lundquist, un Suédois en culotte de golf grise; il était en train de réparer une bicyclette. Monsieur Lundquist, encore qu'il se montrât fort cérémonieux – il me serra la main avec presque autant de dignité que l'avaient fait Paul-Marie et Jean-Népomucène –, semblait beaucoup plus accessible que Monsieur Örn. Il répéta plusieurs fois de suite : *« Enchanté, Monsieur Yenkins »,* les talons joints et tenant sa pompe à vélo comme si ç'avait été un sabre et qu'il allait se mettre à défiler, puis, toujours souriant, il serra la main de Madame Leroy après avoir lâché la mienne. Ses boucles brunes et son visage poupin luisaient au soleil, et semblaient exprimer la confiance absolue qu'éprouvait Monsieur Lundquist concernant son pouvoir de séduction.

Nous nous dirigeâmes lentement vers la serre, dont l'entrée donnait en biais sur le centre de la pelouse – si l'on peut appeler ainsi le centre du jardin – et Madame Leroy m'expliqua que nous allions y rencontrer Monsieur et Madame Dubuisson, qui n'étaient mariés que depuis peu. Cette précision une fois établie, elle tapa violemment sur l'un des supports de la charmille avant de se risquer à m'accompagner sous l'arceau. Cette précaution prise elle s'avança devant moi, scruta l'intérieur, puis reprit sa marche en me faisant signe de la suivre, jusqu'à ce qu'enfin nous pénétrâmes au cœur de cette retraite où les Dubuisson étaient assis l'un à côté de l'autre.

Ce ne fut qu'après que je découvris que Monsieur Dubuisson avait seulement une quarantaine d'années. Sur le moment, il me sembla beaucoup plus âgé, car la peau de son visage livide était marquée par un croisillon de rides profondes. Comme Monsieur Örn il portait une casquette, une grande casquette plate à carreaux avec une immense visière, comme celles des *apaches* dans les journaux amusants français ou sur la scène. Sous cette coiffure bouffait une chevelure grisonnante, presque lavande, d'un aspect peu engageant. Il tenait un livre sur son genou, mais il n'était pas en train de lire. Il regardait fixement, avec sur le visage une expression d'intense et irréductible scepticisme, ce que de sa place l'on pouvait voir du jardin. Avec sa lèvre supérieure très haute et quelque chose dans son aspect général, il faisait penser à une version française du Chapelier fou dans *Alice au Pays des Merveilles*. Son épouse, une petite femme trapue, plus jeune que lui, était en blanc des pieds à la tête : on aurait dit qu'elle s'était préparée pour passer l'après-midi à faire des courses dans Paris, pour se décider à rester finalement à tricoter dans ce pavillon. Cette occupation très domestique semblait mal s'harmoniser avec l'impression que l'on avait – et que venaient renforcer l'expression de son visage, et encore plus sa toilette – selon laquelle elle n'avait rien par tempérament de la femme d'intérieur, du moins, pas dans le sens habituel. Comme l'avait dit Stringham à propos de Peter Templer, la nature ne semblait pas l'avoir destinée à la vie de famille. Ce qu'elle pouvait avoir de domestique semblait ajouté après coup à d'autres caractéristiques probablement plus agressives.

Encore que je me sentisse plutôt mal, j'avais fait de mon mieux pour me montrer aimable à l'égard des personnes auxquelles Madame Leroy m'avait présenté. Et, car tels sont les extraordinaires pouvoirs des sentiments à cet âge, l'impression produite sur moi par Suzette, mêlée au souvenir de Jean, m'avait momentanément fait oublier les conséquences des hors-d'œuvre. Cependant, quand Monsieur Dubuisson me tendit le livre qu'il tenait et me demanda sèchement en excellent anglais : « J'aimerais bien avoir votre avis sur cette traduction », la tête me tourna à nouveau. Le titre sur la couverture, *Simples Contes des Collines*, sur le moment n'évoqua rien pour moi. Heureusement, Monsieur Dubuisson ne crut pas devoir obtenir une réponse car il ajouta presque immédiatement : « Je lis ces contes en français par ... par simple curiosité, car vous pouvez constater que je n'éprouve... aucune difficulté à m'exprimer dans la langue de l'auteur. »

Ces pauses étaient évidemment faites pour montrer l'aisance avec laquelle il s'exprimait en anglais, en même temps que son désir de choisir le mot juste, plutôt que par insuffisance syntaxique. Il poursuivit : « J'aime beaucoup Kipling. Enfin, jusqu'à un certain point. Naturellement on peut trouver irritant son ... son penchant au nationalisme. Un nationalisme flagrant, pourrait-on dire. »

Cette conversation commençait à m'accabler. Madame Leroy, lancée avec Madame Dubuisson dans une discussion sur les prix de pension, aurait certainement mis un terme à toute discussion littéraire sérieuse, car elle commençait à manifester une certaine nervosité devant cette démonstration de la maîtrise que Monsieur Dubuisson possédait de l'anglais. Cependant, un nouvel élément, extraordinaire en ce qui me concernait, vint changer le ton de la conversation. Il y eut un bruit de pas derrière nous, et un nouveau personnage pénétra sous l'arceau rustique, changeant le centre d'intérêt du groupe. Je me retournai, m'attendant à ce que l'on me présentât à quelqu'un de nouveau, et je me retrouvai nez à nez avec Widmerpool.

Monsieur Dubuisson qui, dans son genre, ne manquait pas de finesse, comme je devais le découvrir plus tard, comprit sans doute immédiatement qu'il lui faudrait attendre une autre occasion pour me faire sa conférence sur Kipling, car il s'arrêta net et se joignit à sa femme dans la discussion sur les prix de pension. Peut-être même avait-il senti qu'elle avait besoin de son appui afin que la demande de réduction fût convenablement présentée. De toute évidence, c'était un sujet dont ils avaient déjà discuté tous les trois auparavant, et dès que Madame Leroy eût exprimé sa surprise et sa joie en découvrant que Widmerpool et moi nous nous connaissions déjà, elle se replongea vigoureusement dans la discussion avec les Dubuisson.

Widmerpool me dit de sa voix épaisse et monocorde :

« Je m'étais tout de suite dit que c'était peut-être toi. Mais avec un nom aussi courant que le tien, bien sûr je ne pouvais pas en être certain. »

Nous nous serrâmes la main, assez gauchement. Depuis qu'il avait quitté l'école, Widmerpool s'était un peu arrangé, mais son apparence avait encore quelque chose de vaguement exotique dans son manque d'élégance et cela semblait le mettre à part du genre humain. Plus tard au cours de notre séjour à La Grenadière, il me confia qu'il s'était acheté plusieurs cravates au cours d'un après-midi qu'il avait passé à Blois. Il portait un de ces ornements indigènes quand il pénétra dans le pavillon : les bandes brodées semblaient laisser entendre qu'il n'était pas anglais, sans pour autant lui donner l'air d'un Français. Il avait conservé son air godiche habituel, et cette façon de parler comme s'il avait une gomme collée au palais. Il avait également gardé cette expression désapprobatrice, comme s'il suspectait les gens de vouloir lui arracher d'importants secrets qu'en fin de compte il n'était pas prêt à livrer pour un prix aussi dérisoire que celui qu'on lui offrait. Tout cet aspect pénible de son personnage me revint tout à coup, et je ne trouvai rien à dire. Madame Leroy était maintenant plongée dans cette discussion qui l'opposait aux Dubuisson à propos du prix de pension, et il semblait qu'on eût atteint un moment crucial. Ils finirent par s'en aller tous les trois ensemble, en parlementant ferme. Je restai seul avec Widmerpool. Il ne dit rien.

« Depuis combien de temps es-tu ici ? » lui demandai-je.

Il me dévisagea à travers ces épais carreaux qui le séparaient du monde, et il fit une grimace comme si je venais par ma stupidité d'enfreindre gravement les convenances, et comme si ce solécisme, quelle que fût sa nature, l'attristait plutôt qu'il ne le surprenait. Il dit enfin : « Tu sais que nous sommes censés parler français ici, Jenkins. »

Il n'était guère facile de deviner ce qu'il convenait de répondre à ce rappel à l'ordre. Dire : « *Oui*, Widmerpool », serait idiot, voire désinvolte ; d'un autre côté, répondre en anglais ne ferait qu'aggraver mon cas, et donnerait en même temps l'apparence d'essayer d'accroître la tentation pour Widmerpool de retomber dans sa langue maternelle, comme mon arrivée risquait de l'y exposer. Malgré son insignifiance à l'école, il me semblait qu'il possédait des droits éventuels à une certaine déférence apparente concernant ses opinions, en tant qu'ancien, même s'il n'existait pas d'autre raison de respecter ses opinions. Or à ce moment-là, la nausée qui venait de me reprendre augmentait rapidement, ajoutant à la difficulté de prendre une décision rapide sur un sujet aussi complexe que l'emploi des langues. Puis après un silence, pendant lequel il sembla plongé dans ses pensées, Widmerpool reprit la parole.

– Ce serait sans doute plus simple, dit-il, si je te faisais faire le tour du propriétaire en anglais ; et puis ensuite, nous parlerions français pendant le reste de ton séjour.

– D'accord.

– Mais dis-moi d'abord comment tu connais La Grenadière?

Je lui expliquai que mon père connaissait le commandant Leroy. Cette réponse sembla décevoir Widmerpool. J'ajoutai que mes parents avaient trouvé les conditions raisonnables. Widmerpool dit : « Ma mère a toujours adoré la Touraine depuis qu'elle y est venue étant jeune fille. Et puis tu sais que c'est dans cette région que l'on parle le mieux. »

Je lui répondis que j'avais entendu un Français remettre cette affirmation en question, mais Widmerpool balaya cette objection et reprit : « Ma mère a toujours voulu que je perfectionne mon français parmi les châteaux de la Loire. Elle a fait une enquête et elle a décidé que la maison de Madame Leroy était de très loin la meilleure pension dans la région recevant des hôtes payants. De très loin. »

Il y avait comme un défi dans la voix de Widmerpool; et j'admis que j'avais toujours entendu dire le plus grand bien de l'établissement des Leroy. Cependant, il manifesta peu d'estime pour le commandant, tout en admirant énormément Madame. Il dit : « Je vais t'emmener voir le jardin, et je te présenterai aux hôtes. »

« Non, pour l'amour du ciel! Madame Leroy s'en est déjà chargée. »

Widmerpool sembla vexé, et hésiter sur la marche à suivre. Il trouva un moyen terme et me demanda : « Comment s'est passé ton voyage? »

– Terriblement chaud.

– Oui, tu sembles un peu vert.

– Rentrons.

– Est-ce que tu as dû changer? Je suis venu directement grâce à mon habileté à consulter les horaires.

– Où est-ce que je pourrais être malade?

– Que veux-tu dire?

– *Où est-ce que je pourrais être malade?*

Il finit par comprendre; et bientôt, avec toutes sortes de marques de sympathie de la part de Madame Leroy, et l'aide de Rosalie qui, maintenant que j'étais devenu un membre en titre de la maisonnée, semblait plus détendue – surtout qu'en plus j'étais malade –, je me mis au lit et j'y restai longtemps dans une sorte de coma, à penser à Widmerpool et aux autres occupants du jardin. L'image de Jean Templer et celle de Suzette flottaient dans l'ombre de la chambre, où elles finirent par se confondre tandis que je m'endormais.

Comment tous les habitants de La Grenadière tenaient-ils dans une maison de cette taille me posait un problème social et mathématique que je n'ai jamais pu résoudre de façon satisfaisante pendant mon séjour là-bas. J'en vins à conclure qu'il y avait davantage de chambres que de portes donnant sur le couloir des étages, et qu'elles devaient communiquer entre elles. La salle à manger était à gauche de l'entrée, la cuisine à droite. Dans la partie obscure et malodorante qui séparait les deux pièces se tenait Rosalie pendant les repas, et elle prenait son repas sur une console qui se trouvait en face d'une lourde bibliothèque de Boulle : ses portes vitrées montraient une collection de romans brochés en piteux état. Sa position dans le vestibule montrait le statut de Rosalie dans la maison, séparée ainsi physiquement de ses employeurs d'un côté, et de l'autre, de Marthe, une jeune fille de dix-huit ans affligée d'un goitre, et qui faisait la cuisine, cuisine par ailleurs délicieuse.

Deux chiens, Charley et Bum, partageaient son vestibule obscur avec Rosalie, dans un état de guerre endémique. Charley avait été ainsi appelé sous le prétexte étonnant qu'il avait l'air d'un chien anglais, alors qu'avec son corps marron anormalement long, ses courtes pattes noires et sa queue blanche en panache, on se serait plutôt demandé s'il s'agissait bien d'un chien et pas plutôt de quelque animal préhistorique dont l'espèce était oubliée depuis très longtemps. Bum, un terrier à poil dur, constituait une bête plus conventionnelle. Il avait son nom gravé sur un large collier de cuir orné de gros clous de laiton. Tous les lundis, on l'installait sur une table du jardin, et Madame Leroy lui donnait son bain, après quoi il ressemblait à un chien qu'on aurait confectionné avec des cure-pipes. On ne lavait jamais Charley, et comme il était jaloux de cette attention que l'on portait à son confrère, il cherchait querelle à Bum régulièrement tous les sept jours. Rosalie à son poste dans le couloir butait constamment dans les chiens, et elle les envoyait à tous les diables; quant aux chiens ils se chamaillaient entre eux et avec Rosalie, il leur arrivait même de voler quelque chose dans son assiette tandis qu'elle procédait à la distribution des plats dans la salle à manger, où nous étions tous assis en rond autour d'une grande table qui emplissait presque la pièce.

A table, la plus grande partie de la conversation était assurée par Madame Dubuisson, par Berthe et par Paul-Marie, et presque tous ceux qui parlaient de lui prétendaient qu'il était remarquablement plein d'*esprit* pour son âge : on m'avait cependant averti qu'on jugeait parfois ses remarques « *un peu shocking* ». Lorsqu'il ouvrait la bouche, ses sourcils noirs se rejoignaient, et il s'échappait de lui un flot de paroles, et devant ses saillies, Madame Dubuisson et Berthe en particulier, riaient aux larmes. Madame Leroy hochait parfois la tête en signe de discrète désapprobation, cependant elle-même souriait souvent, admirative, devant l'aisance que montrait Paul-Marie à épingler les situations paradoxales de l'existence, en particulier tout ce qui avait trait aux relations entre les sexes. Quant à moi, je ne comprenais qu'une petite partie des plaisanteries de Paul-Marie, à cause de la rapidité de son élocution, mais également parce qu'il utilisait pour s'exprimer un ton très familier; mais je saisissais le sens général, d'où il ressortait que les femmes, en raison de leur malice, il convenait de s'en méfier. Que valaient ses plaisanteries, je serais bien incapable de le dire. J'imagine qu'elles devaient appartenir à ce vaste registre de thèmes humoristiques sur le sujet, qui sont si utiles aux Français, car elles s'appliquent à la plupart des cas de figures. Et les plaisanteries de Paul-Marie sur ces thèmes éternels devaient rejoindre, j'imagine, le scepticisme fondamental de l'oncle Giles, également utilisable dans d'innombrables situations de la vie de tous les jours. Jean-Népomucène était beaucoup plus discret. Sous ses paupières lourdes, il observait son frère, avec, au moment opportun, un petit rire bref très adulte. A table, il prenait généralement un air absent, comme s'il avait été plongé dans ses propres méditations, peut-être proches des réflexions de son frère, mais d'un caractère plus grave. Berthe et Madame Dubuisson le taquinaient parfois en disant : «*Ah, Jean-Népomucène, il est bavard, lui*», provoquant aussitôt une attaque de la part de Paul-Marie, qui nécessitait leurs forces combinées pour être repoussée.

Le commandant Leroy parlait rarement. Sa femme lui faisait suivre un régime, et il s'asseyait presque caché derrière une colossale bouteille de Contrexéville et, à la fin de chaque repas, il en prenait un peu dans une cuiller avec, dedans, une poudre grise. Monsieur Dubuisson non plus ne parlait guère pendant les repas, probablement parce qu'il pensait que sa conversation serait gaspillée étant donné le niveau intellectuel des auditeurs disponibles à La Grenadière. Il lui arrivait cependant de lire à haute voix un entrefilet dans un journal (le seul luxe qu'il se permît, c'était l'achat de journaux), puis il éclatait d'un rire amer tout en complétant l'information par des précisions individuelles, géographiques et politiques sur le groupe qui finançait le journal en question. Enfin, il écoutait les bavardages de Paul-Marie avec sur le visage une expression extrêmement revêche.

La position des Dubuisson à La Grenadière resta toujours mystérieuse. Il était évident qu'ils y étaient venus pour passer des vacances bon marché, mais que Monsieur Dubuisson considérait que la vie lui devait davantage que ce que l'on risquait de trouver chez les Leroy. Berthe et Suzette se moquaient de Madame Dubuisson, à qui l'on semblait attribuer un passé qu'il valait mieux ne pas examiner de trop près. Elles discutèrent de cela à voix basse, derrière mon dos, un jour que nous revenions d'une excursion à Loches. Elles semblaient ne rien savoir de très précis, mais la conclusion semblait être, d'après ce que je parvins à comprendre vaguement, que Madame Dubuisson avait longtemps été la maîtresse de son mari, avant de finalement réussir à se faire épouser. A l'époque, un tel sujet, surtout quand il s'agissait d'un couple apparemment aussi dénué de romanesque que les Dubuisson, me parut d'un intérêt purement académique, et sans grand rapport avec les problèmes pratiques de l'existence. Madame Dubuisson riait bêtement pour un rien, et avait généralement des manières très libres, en particulier quand son mari n'était pas là ; et il me sembla – dans la mesure où l'on pouvait trouver une analogie entre deux sociétés si différentes – que sa position à La Grenadière n'était pas sans rappeler celle de Lady McReith chez les Templer. Ainsi, Madame Dubuisson était l'hôte préférée, à n'en pas douter, du commandant Leroy, et les garçons semblaient également s'entendre fort bien avec elle. Je n'ai jamais pu découvrir le métier de son mari. Comme Sunny Farebrother, il paraissait s'être distingué pendant la guerre, ou du moins le laissa-t-il entendre une ou deux fois devant moi ; et il avait dû un moment enseigner, ou donner des conférences, dans une université de province. Il prétendait être maintenant dans les affaires, sans dire précisément lesquelles.

« Je suis un homme très occupé, j'échafaude des projets pour ma firme, et j'essaie dans le même ordre d'idées de concrétiser certaines idées sur le financement de certains objectifs particulièrement délicats », me confia-t-il peu après mon arrivée.

Il dut se dire qu'il me faudrait un certain nombre d'éclaircissements, car il ajouta : « Il faudra peut-être même que je me rende à Londres, lorsque, et si, certaines négociations en cours avec des maisons anglaises se concrétisent. »

Je lui demandai s'il connaissait bien Londres.

– Probablement mieux que vous, répliqua-t-il. Me trouvant presque à la tête d'un important groupe financier, j'essaie d'assurer un certain pourcentage du risque d'insolvabilité qui peut toujours se présenter lorsque je garantis des crédits en souscrivant un effet.

– Je vois.

– Il ne faudrait pas vous imaginer, ajouta Monsieur Dubuisson en découvrant dans un sourire des dents grisâtres, que je suis un simple employé de commerce. Je développe également mon activité de journaliste, et je publie chaque semaine un article ou deux. Et j'espère les voir bientôt publiés en Angleterre.

– Vous écrivez en anglais?

– Naturellement.

Je l'interrogeai sur ses sujets. Monsieur Dubuisson répondit : « J'ai récemment envoyé à la *National Review* un assez long article intitulé " Le paiement au comptant; ou le rendement des créances ", où j'exprime mes vues sur les relations présentes et à venir de la France, de la Grande-Bretagne et de l'Allemagne. Je n'ai pas encore reçu de réponse, mais j'en possède la copie en manuscrit, que je vous prêterai volontiers. »

Il s'arrêta, et je le remerciai de son offre.

« En fait, j'écris sur trois thèmes différents, reprit Monsieur Dubuisson, d'abord en tant qu'expert financier; deuxièmement, je résume de vastes problèmes d'un triple point de vue indépendant – politique, militaire et économique; enfin, j'étudie le développement de l'idée sociale dans la littérature anglaise. »

Tout cela ne m'éclairait guère sur le milieu des Dubuisson, mais il était hors de doute que Madame Dubuisson avait la meilleure opinion de ses talents. En public, il manifestait peu d'intérêt à sa femme, mais ils passaient beaucoup de temps ensemble; ils ne participaient jamais aux distractions collectives des hôtes de La Grenadière, en particulier les excursions à destination des sites intéressants de la région. Cette indifférence apparente de son mari en société ne semblait pas du tout toucher Madame Dubuisson. Elle passait son temps à bavarder avec le premier venu, et sans se soucier de savoir si l'interlocuteur comprenait ce qu'elle disait, peut-être cela lui venait-il de son mari.

Les deux Scandinaves ne s'entendaient pas bien. Berthe et Suzette m'en avaient averti, peu après mon arrivée à La Grenadière. D'après ces demoiselles, Monsieur Örn se plaignait de ce que Monsieur Lundquist fût « trop fier »; tandis que Monsieur Lundquist avait réellement déclaré ouvertement qu'à son avis Monsieur Örn manquait de *chic*. Monsieur Örn, comme Monsieur Dubuisson, parlait rarement, et il passait le plus clair de son temps à dresser dans son carnet des listes de mots français. Berthe me confia que Monsieur Örn lui avait affirmé que tous les Suédois étaient fiers, et souvent sans motif; et en particulier Monsieur Lundquist, simplement parce que son père était fonctionnaire au tribunal. Quant à Monsieur Lundquist il allait devenir journaliste, et Monsieur Örn avait dit à Berthe que Monsieur Lundquist avait tendance à beaucoup exagérer la position sociale que sa fonction allait lui conférer. Encore que Monsieur Örn parlât peu, il lui arrivait de fixer Monsieur Lundquist d'un œil sévère à travers la table, et tout son visage anguleux prenait alors une expression hostile et lugubre: « *comme un Viking* », ajoutait Berthe pour décrire cette expression particulière. En fait, Berthe avait un faible pour Monsieur Örn, qui jouait si bien au tennis. Et si c'était elle qui coupait le melon au déjeuner, elle lui donnait toujours la plus grosse tranche, et elle le servait généreusement de *pot-au-feu*.

A part ce regret de voir Monsieur Örn si désespérément dépourvu de *chic* – opinion dont je découvris qu'il ne faisait pas mystère, racontant cela à n'importe qui dans la maison – Monsieur Lundquist semblait parfaitement ignorer la vigueur avec laquelle Monsieur Örn désapprouvait sa propre attitude à l'égard du monde, que tous les deux jugeaient particulièrement suédoise; et il ne semblait pas prêt à admettre l'assertion fréquemment répétée par Monsieur Örn selon laquelle il ne comprenait pas le suédois. Monsieur Lundquist, violant ainsi la règle admise à La Grenadière, chaque fois qu'il trouvait son français insuffisant pour exprimer clairement sa pensée, parlait en suédois. Dans ces cas-là, Monsieur Örn écoutait, et son visage dur prenait une expression qui montrait l'impossibilité où il se trouvait de comprendre comment des sons aussi étranges – et peut-être si affectés – pouvaient bien présenter un sens, même pour des Suédois. Monsieur Örn faisait finalement quelque remarque dans son français éminemment personnel, et qui ne présentait naturellement aucun lien avec le sujet soulevé par Monsieur Lundquist. Monsieur Lundquist se contentait alors de sourire en hochant la tête, incapable d'oublier le manque fondamental de *chic* manifesté par Monsieur Örn.

Dans ce cercle, Widmerpool avait fini par se faire accepter, sans y être pour autant particulièrement populaire. Il n'était pas question que la maisonnée le considérât comme la bête curieuse qu'il avait été à l'école. Et au cours des semaines qui suivirent, j'appris à le connaître assez bien. Au repas, nous nous parlions en français, et nous nous efforcions d'employer le français au cours de nos expéditions; seuls tous les deux – généralement tard le soir, lorsque les autres s'étaient retirés dans leurs chambres, pour s'y consacrer à l'étude ou au repos – nous parlions alors anglais; encore que Widmerpool s'y résignât rarement sans manifester sa réticence à enfreindre ainsi la règle de la maison. Tout le reste du temps, il bûchait dur son français. Malgré la difficulté qu'il éprouvait à prononcer des sons qui ressemblassent à du français, il avait acquis un vaste vocabulaire, qui lui permettait de se sortir convenablement d'une conversation, pour peu qu'il trouvât quelque chose à dire; car je découvris qu'il ne parvenait pas à s'intéresser à tout ce que l'on pouvait ranger dans la catégorie « important » ou « instructif », attitude qui limitait singulièrement les possibilités. La détermination qu'il mettait à apprendre le français m'offrait un exemple que j'étais lamentablement incapable de suivre. Dans son application rigide à atteindre le but qu'il s'était fixé en venant en France, il se montrait certainement le pensionnaire le plus louable de Madame Leroy, même en y incluant Monsieur Örn, qui se trompait constamment dans le genre des mots.

Comme Monsieur Dubuisson, Widmerpool ne manifestait aucun enthousiasme devant les plaisanteries de Paul-Marie.

« Ce garçon a un esprit tout à fait dépravé, dit-il, peu de jours après mon arrivée. Extraordinaire chez un enfant de son âge! Je n'ose imaginer ce qui lui arriverait dans une école anglaise. »

« C'est comme Stringham changé en petit garçon français. »

Je laissai tomber cela sans trop me soucier de l'éventuelle justesse de la comparaison. En fait, je ne trouvais pas à Paul-Marie une ressemblance réelle avec Stringham, encore qu'il existât sans doute quelque vague affinité entre eux, puisque plusieurs fois j'avais pensé à Stringham en écoutant Paul-Marie lancé dans un de ses torrents verbaux. Cependant, Widmerpool sembla tout à coup très intéressé par les liens entre ces deux personnages.

« Mais tu étais plutôt ami avec Stringham, n'est-ce pas? me demanda-t-il. Naturellement j'étais trop ancien par rapport à lui pour le fréquenter. En somme, il n'était pas déplaisant. Un garçon assez drôle, dirais-je. »

Que Widmerpool pût prétendre qu'une simple question de différence d'âge l'avait empêché d'être intime avec Stringham, voilà qui me frappa à l'époque, car cela montrait de sa part une suffisance injustifiable en ce qui concernait sa propre place dans la vie. Je le considérais encore comme un personnage nul, une sorte de phénomène, n'ayant absolument pas le droit de se comparer à quelqu'un comme Stringham, destiné évidemment à vivre dangereusement, et qu'on n'aurait su réduire aux dimensions médiocres auxquelles Widmerpool semblait par nature destiné. C'est en partie à cause de cela que je lui demandai :

– Te souviens-tu de la fois où Le Bas s'est fait arrêter?

– Quel épouvantable événement! dit Widmerpool. Je suis parti peu après. A-t-on jamais découvert comment une telle erreur avait bien pu se produire?

– C'est Stringham qui avait téléphoné à la police pour leur dire que Le Bas était l'homme qu'ils recherchaient.

– Comment cela?

– Celui qu'ils recherchaient ressemblait un peu à Le Bas. Nous avions vu sa photo devant le commissariat de police.

– Mais pourquoi?
– Une plaisanterie.
– *Stringham?*
– Au téléphone, il a dit qu'il était Le Bas en personne.
– Je n'ai jamais rien entendu de pareil, dit Widmerpool. En voilà une idée incroyable!
Il avait l'air tellement hors de lui qu'il me sembla devoir chercher une excuse – avec le temps l'incident semblait nettement moins comique, maintenant que nous avions vieilli et que nous avions quitté l'école –, et je dis : « Enfin, ce Le Bas était un âne. »
« Certes, je n'appréciais guère Le Bas, et ses méthodes, dit Widmerpool (il me revint que Le Bas l'avait particulièrement détesté), mais faire une chose comme ça à son propre maître de pension... Et puis, le risque qu'il courait. Il aurait pu se faire mettre à la porte. As-tu été mêlé à cette affaire, Jenkins? »
Widmerpool déclara cela avec un tel sérieux que je crus un instant qu'il allait s'asseoir sur-le-champ et, dans un effort tardif pour que justice fût faite, écrire à Le Bas ou au principal. J'ajoutai que personnellement je n'avais pas participé à cette farce, et que je m'étais simplement trouvé aller en promenade avec Stringham. Widmerpool dit, avec ce qui me parut une extraordinaire véhémence : « Bien sûr, Stringham n'avait aucun sens de la discipline. Voilà ce qui arrive quand on a trop d'argent. »
– Je ne lui ai jamais vu tellement d'argent.
– Stringham n'en avait peut-être pas tellement

sur lui, dit Widmerpool avec une vive irritation, mais sa famille est immensément riche. Glimber est un endroit gigantesque. Un jour de visite, j'y suis allé avec ma mère.

– Mais ce n'est pas lui qui héritera de Glimber.

J'étais bien content que Templer m'eût appris ce détail.

– Évidemment, dit Widmerpool, comme s'il avait trouvé ma remarque presque insultante. Mais il y a toutes ces affaires de mines d'or en Afrique du Sud qui appartiennent à sa mère. Son divorce a été un scandale bien inopportun pour quelqu'un de si connu.

J'aurais voulu en savoir davantage, mais comme Stringham était de mes amis, je me dis qu'il serait au-dessous de ma dignité de discuter ses affaires de famille avec quelqu'un qui, comme Widmerpool, n'en avait entendu parler que par ouï-dire. Plus tard dans l'existence, j'ai appris que beaucoup de choses que l'on veut sont obtenues aux dépens de notre dignité, qui risque de constituer une barrière infranchissable contre le progrès, dans n'importe quelle direction. Cependant, à l'époque, le choix entre la dignité et la curiosité insatisfaite était moins clair pour moi, lorsque cela s'accompagnait d'un décision difficile à prendre.

– Et qui était ce garçon mince, plutôt bien de sa personne, me demanda Widmerpool, celui que l'on voyait tout le temps avec toi et Stringham?

– Peter Templer.

– Lui aussi a été mêlé à cette affaire Le Bas?

– Il était allé se promener avec nous cet après-midi-là.

– Il n'avait pas trop bonne réputation, n'est-ce pas?

– Non, pas trop.

– C'était bien mon impression, dit Widmerpool. Que son influence sur la maison n'était pas trop bonne.

– Lui et toi, vous avez bien été mêlés à cette affaire Akworth? demandai-je, moins par malice ou avec l'intention de le voir laisser mes amis tranquilles, que pour en savoir davantage là-dessus; et à la façon dont Widmerpool avait parlé, j'avais l'impression de ne pas devoir me gêner pour le questionner.

Widmerpool devint rouge comme un coq.

« J'aimerais autant de ne pas en parler, dit-il, si tu n'y vois pas d'inconvénient.

– Comme tu voudras.

– J'imagine que Templer a fini par se faire mettre à la porte? » demanda Widmerpool se rendant peut-être compte qu'il avait un peu forcé son talent, et en s'efforçant de prendre un ton plaisant.

– On lui a plus ou moins demandé de s'en aller.

– Jusqu'où allait-il vraiment?

Il se lécha discrètement les lèvres, de façon presque imperceptible. Ce mélange de dissimulation et de curiosité me sembla parfaitement intolérable.

– Avant de s'en aller, il a couché avec une femme.

Widmerpool avait déjà été très secoué en apprenant le rôle joué par Stringham dans l'affaire Braddock *alias* Thorne, et très gêné par l'allusion au scandale Akworth, mais ce dernier détail, couronnement des exploits de Templer, eut sur lui un effet renversant. Il produisit un bruit bizarre, qui tenait du ricanement et du raclement de gorge, tout en avalant avec difficulté. Et il devint carrément écarlate. Il ôta ses lunettes et entreprit de les astiquer, ce qui montrait qu'il avait les nerfs à vif. Je ne me trouvais pas non plus très à l'aise sur ce sujet. Pour en sortir, j'ajoutai : « Au fait, je viens juste de passer quelques jours chez les Templer. »

Widmerpool fut visiblement ravi qu'on parlât d'autre chose, et il me questionna avidement au sujet de la maison des Templer et de l'existence qu'on y menait. Nous parlâmes des Templer pendant un moment, et je découvris avec surprise que Widmerpool connaissait Sunny Farebrother de nom, encore qu'il ne l'eût jamais rencontré. Il ajouta : « On prétend que c'est un malin. »

– Il m'a beaucoup plu.

– Naturellement, dit Widmerpool, il sait se rendre agréable.

Je trouvai ce genre de remarque de la part de Widmerpool insupportable, et je faillis essayer de le choquer encore davantage en lui décrivant par le menu les différents incidents qui s'étaient produits pendant mon séjour chez les Templer. Puis je me dis que cela demanderait trop d'explications avant que quelqu'un, en particulier Widmerpool, pût les apprécier, qu'il n'y avait aucun avantage à essayer de l'impressionner, ou de modifier son point de vue. Je lui dis que Peter allait se lancer directement dans les affaires, sans passer par l'université. De façon plutôt inattendue, Widmerpool approuva cette décision, presque dans les mêmes termes que Sunny Farebrother.

« Mieux vaut se mettre tout de suite au travail, dit-il. Il n'y avait guère d'argent à la mort de mon père, alors nous en avons discuté avec ma mère – elle comprend merveilleusement bien le monde des affaires – et nous avons décidé de faire ainsi, et de supprimer Oxford ou Cambridge. »

En utilisant la première personne du pluriel, il semblait vouloir dire qu'il avait été question pour sa mère d'aller avec lui à l'université. Il ajouta : « Et cet effort pour améliorer mon français me tiendra lieu de vacances. »

– Des vacances avant quoi?

– J'ai un contrat d'apprentissage chez un avoué.

– Ah, oui.

– Non pas que j'aie l'intention de rester avoué tout ma vie, dit Widmerpool. J'envisage des horizons plus vastes.

– Quel genre?

– Les affaires. La politique.

Tout cela me semblait tellement idiot que je changeai de sujet, en lui demandant où il habitait. Il répondit d'un ton guindé que sa mère avait un appartement à Victoria. C'était très pratique, ajouta-t-il, mais sans s'étendre sur ce qui en constituait les avantages. Je lui demandai comment était la vie à Londres.

– Cela dépend de ce que l'on fait, répondit Widmerpool, qui se tenait sur ses gardes.

– Évidemment.

– Et toi, quelle profession comptes-tu embrasser?

– Je ne sais pas.

Il semblait presque impossible de faire une

remarque sans du même coup venir heurter les idées de Widmerpool. Il fut presque aussi choqué d'apprendre que je n'avais pas encore fait de projets d'avenir qu'il avait été scandalisé quelques minutes auparavant quand j'avais fait allusion à la dissipation précoce de Templer.

– Mais tu dois bien avoir un goût pour quelque chose? L'ambition de réussir dans un domaine?

Cette conception idéaliste, selon laquelle il convient d'avoir un but dans l'existence, ne m'avait de fait que trop souvent effleuré comme un problème à résoudre; mais j'étais encore loin de savoir quelle forme mes tentatives prendraient finalement. Ne me sentant pas prêt pour une discussion *a priori* sur ce que l'avenir me réservait, je fis quelques remarques vagues sur le désir que j'avais un jour d'écrire, affirmation qui n'avait même pas le mérite d'être vraie, car à l'époque la chose m'avait à peine traversé l'esprit.

– Écrire? répéta Widmerpool. Mais c'est à peine une profession. Et – nous en rions, bien entendu, et à juste titre, quand c'est Örn qui affirme cela – mais enfin, ce n'est pas ainsi qu'on acquiert une position sociale; sauf, par exemple, si tu deviens rédacteur en chef du *Times*, ou quelque chose comme cela. Moi, si j'étais toi, je réfléchirais soigneusement avant de me lancer là-dedans.

– Je ne suis pas absolument décidé à devenir journaliste.

– Tu fais aussi bien. Et tes autres intérêts?

Sentant que la conversation prenait la forme d'un interrogatoire, j'admis aimer la lecture.

– Mais ce n'est pas une façon de gagner sa vie, dit Widmerpool, avec sévérité.

– Je n'ai jamais prétendu le contraire.

– Et puis cela ne vaut rien de trop lire, ajouta Widmerpool. On en arrive à considérer la vie avec des perspectives complètement faussées. Bien sûr, il convient de connaître les auteurs consacrés, je ne prétendrai jamais le contraire. Mais cela ne vaut rien de s'encombrer l'esprit avec toutes ces sottises que l'on trouve dans les romans modernes.

– C'est exactement ce que disait Le Bas.

– Et il n'avait pas tort. Je n'étais pas d'accord avec lui sur bien des points. Mais dans ce cas-là, je suis parfaitement de son avis.

Je n'avais pas grand-chose à répondre. J'avais un roman – *If Winter Comes*, que j'avais presque fini – sous le bras, et il m'était impossible de nier que j'avais lu ce livre. Widmerpool avait dû remarquer cela, car il continua sur un ton plus bienveillant : « Il faudrait que tu fasses la connaissance de ma mère. C'est une des rares femmes d'un certain âge qui a conservé tout l'intérêt de la jeunesse pour les choses de l'esprit. Si tu aimes les livres – et c'est ce que tu affirmes – tu devrais apprécier une conversation avec elle sur ce sujet. »

– J'en serais ravi.

– Je tâcherai d'arranger cela. *Et maintenant, il faut se coucher, parce que je compte me réveiller de bonne heure le matin.*

Au cours d'autres conversations, il me parla pas mal de sa mère. Il semblait plus réticent en ce qui concernait son père. Parfois, il me semblait même que Widmerpool *père* avait peut-être bien gagné sa vie d'une façon que son fils – fils unique par ailleurs – préférait garder secrète; cependant, un soir, pris soudain du désir de faire des confidences, il me raconta que son grand-père paternel avait été un homme d'affaires écossais du nom de Geddes, et qu'il avait pris après son mariage le nom de sa femme qui était – c'était typique de Widmerpool de dire cela – d'une position sociale plutôt supérieure à la sienne. Il devait y avoir eu une sorte de crise financière à la mort du père de Widmerpool, soit à cause de dettes, soit parce que les revenus de la famille s'étaient soudain trouvés amputés. Il semblait mener avec sa mère une vie très tranquille, travaillant le jour et étudiant le droit après le dîner presque tous les soirs; encore que Widmerpool prît soin de m'expliquer qu'il avait décidé de participer à ce qu'il appelait « la vie sociale ». Et il ajouta, avec un de ses rares sourires : « De la cervelle et beaucoup de travail ne servent à rien, Jenkins, si l'on ne connaît pas les gens qu'il faut. »

Je lui dis que j'avais un oncle qui adorait répéter cela; et je lui demandai quelle forme prenaient ses moments de détente.

« J'assiste à des soirées dansantes, dit Widmerpool, ajoutant, assez noblement : Enfin, pendant la saison de Londres. »

« Tu reçois beaucoup d'invitations? » lui demandai-je, à la fois impressionné par son attitude devant ce problème et incapable de croire qu'il pût être submergé d'invitations émanant de personnes désireuses de bénéficier de sa compagnie.

Widmerpool resta évasif, marmonnant que le problème des invitations, c'était « simplement une question d'être sur une liste ». Comme il ne semblait pas désireux de développer cette réflexion, je n'insistai pas, car je ne voyais que très vaguement ce qu'il voulait dire; de plus, je compris que, dans son cas, comme pour tout le monde, l'appréciation exacte de l'étendue de ses invitations pouvait se révéler un sujet délicat.

« Je n'ai guère de temps à consacrer aux sports, poursuivit-il, mais de temps en temps je me fais un devoir d'aller à Barnes taper quelques balles dans un filet. »

Je ne sais trop pourquoi, j'éprouvai un bizarre sentiment de soulagement à l'idée qu'il avait renoncé à s'imposer ces épuisantes séances interminables d'entraînement à cause desquelles je ne l'avais pas complètement oublié. Pousser une balle de golf dans un filet me semblait plus innocent et offrait à l'esprit une image beaucoup moins sinistre que ces séances de torture avec lesquelles j'avais associé les moments de loisir de Widmerpool. Relâchement qui se manifesta de façon encore plus apparente par la suite, lorsque nous jouâmes au tennis, encore qu'il eût conservé pas mal de son ancien enthousiasme.

Le tennis à La Grenadière – ou plutôt dans le parc d'un petit château en ruine, construit au XIXe siècle dans le style Renaissance et situé à environ deux kilomètres à l'extérieur de la ville – était certainement d'une nature à offrir peu d'occasions à Widmerpool d'étaler le zèle qu'à l'école il avait manifesté dans la pratique des sports, et dont le spectacle était si inquiétant à observer; encore qu'il insistât pour que dans la mesure du possible, on s'efforçât de maintenir une qualité de jeu hautement athlétique, lorsque nous faisions des parties. Cependant, ce court de tennis fut pour lui la scène qui lui permit de me révéler un aspect bien différent de sa personnalité, et auquel je ne m'attendais pas : c'était la force de sa personnalité et ses capacités de négociateur. Cela se déroula à l'occasion de la rupture entre Monsieur Örn et Monsieur Lundquist, qui d'ailleurs accordaient à leur jeu autant d'importance que le faisait Widmerpool malgré le caractère assez peu professionnel de ces parties.

Il existait plusieurs courts en dur dans ce parc que la municipalité avait transformé en jardin public, et ils n'avaient jamais été entretenus convenablement depuis qu'ils étaient devenus propriété publique; si bien qu'avec le temps, le sol s'était creusé sous les poutres métalliques qui en constituaient le cadre, ce qui formait ainsi des sortes de barrières au-dessus de la surface : il était facile de s'y coincer le pied en courant. Ou bien la balle venait frapper une de ces bandes de fer, et elle se prenait dessous, ou bien elle rebondissait sous un angle inattendu, ce qui donnait un « let ». Ce genre d'incident arrivait fréquemment, ce qui avait pour effet de ralentir le rythme du jeu, et nuisait à la concentration que Widmerpool aimait apporter dans la pratique de tous les sports. En plus de cet obstacle de caractère local au jeu rapide, ni Berthe ni Suzette n'étaient de très bonnes joueuses; et, avec Paul-Marie et Jean-Népomucène qui étaient également des débutants, il fallait former des équipes de double.

Comme je n'étais pas non plus un joueur remarquable, j'aimais assez la façon détendue et parfois même excentrique que nous avions de pratiquer le tennis; mais Widmerpool ne cessait de se plaindre que nous ne prenions pas le tennis au sérieux, protestation qui, de son point de vue, était parfaitement justifiée, encore qu'il fût loin d'être lui-même un bon joueur. Quand c'était possible, il arrangeait un « double messieurs », ce qui signifiait généralement que nous faisions chacun de notre côté équipe avec l'un des Scandinaves; et il devint bientôt clair que si Monsieur Örn et Monsieur Lundquist parvenaient à dissimuler leur haine réciproque dans la vie quotidienne, sur le court de tennis, c'était beaucoup moins facile. Il se trouvait qu'un double messieurs, ce n'était pas aussi aisé à organiser que Widmerpool l'imaginait, parce que Berthe et Suzette n'aimaient pas trop devoir jouer en double avec Paul-Marie et Jean-Népomucène – encore un exemple du souci excessif de dignité nuisant à ses propres fins, car ces demoiselles avaient ainsi un moyen de s'entraîner dont elles avaient le plus grand besoin – et aussi, raison encore plus incontournable, parce que nous ne disposions que de quatre balles de tennis; l'une d'entre elles avait son drap déchiré, ce qui la faisait rebondir de façon tout à fait imprévisible. Il arrivait souvent à ces balles de se perdre dans les fourrés du parc; et si Paul-Marie et Jean-Népomucène étaient prêts à jouer en double avec une seule balle (à condition que ce ne fût pas celle qui était abîmée) les autres considéraient indispensable un minimum d'au moins deux balles, et préféraient les avoir toutes à leur disposition. Parfois Berthe ou Suzette se sentaient « souffrantes » et elles se reposaient pendant un set ou deux. Cela leur arrivait rarement en même temps, si bien que la lutte entre Monsieur Örn et Monsieur Lundquist, encore qu'un d'entre eux jouât le cas échéant contre l'autre en double avec l'une des jeunes filles, devenait vraiment acharnée quand ils étaient tous les deux engagés dans un double messieurs ; il était naturellement impensable de les voir opposés en simple.

En simple, Monsieur Örn aurait inévitablement gagné, car c'était certainement un meilleur joueur que Monsieur Lundquist, et il était plus grand et plus vif. Il y avait cependant un autre élément, particulièrement quand nous étions quatre à jouer. C'étaient les particularités du court, que Monsieur Lundquist connaissait mieux que Monsieur Örn. De plus, Monsieur Lundquist était également coutumier d'une astuce qui avait le don de faire sortir Monsieur Örn de cette acceptation vague et silencieuse des difficultés de la vie, et l'irritait prodigieusement. Ce stratagème employé par Monsieur Lundquist consistait à changer brusquement le style de son service, et après avoir fait voler la terre du court, il passait des lobs qui frôlaient le filet ; coup qui ne manquait jamais de prendre Monsieur Örn par surprise, et à chaque fois il perdait le point.

Monsieur Lundquist ne faisait jamais cela plus d'une fois au cours de l'après-midi ; et parfois pas du tout. Cependant, un jour qu'il faisait particulièrement chaud – j'étais déjà à La Grenadière depuis plusieurs semaines –, il le fit deux fois dans le même set, et attrapa Monsieur Örn à chaque fois. Plus tôt dans l'après-midi, la balle s'était coincée quatre ou cinq fois au fond du court, accident particulièrement irritant pour le joueur – à chaque fois Monsieur Örn – qui autrement aurait certainement gagné le point. Après ce dernier set, Monsieur Lundquist servit son second lob – chose jamais vue – et prit de court Monsieur Örn pour la seconde fois, ce qui provoqua – à ma connaissance – un effet tout à fait inattendu sur le caractère du Norvégien.

Le mot ou les mots véritablement prononcés par Monsieur Örn ne furent jamais révélés au grand jour, même après que l'incident fut clos, et l'on ne sut jamais si l'épithète, ou la désignation, avait été en suédois, en norvégien, ou quelque terme injurieux dans les deux langues. En tout cas, Monsieur Örn dit cela tranquillement, presque sans desserrer les lèvres, presque pour son propre compte; mais cependant d'une manière apparemment audible pour Monsieur Lundquist, qui perdit immédiatement cet air satisfait de lui-même qu'il avait, pour devenir tout rouge, et faire rapidement le tour du filet. Widmerpool, qui était son partenaire, lui cria : « *Mais qu'est-ce que vous faites, Monsieur Lundquist? J'en ai ici deux balles. C'est assez?* »

Monsieur Lundquist ne fit pas attention à ce qu'il disait. Il semblait évident pour moi que, peu importe ce qu'il voulait, il n'avait pas traversé le court à la recherche de balles de tennis. Il fonça droit sur Monsieur Örn et – c'est du moins ce que j'imagine – exigea une excuse. « J'imaginais que ces races nordiques ne perdaient jamais leur sang-froid », me dit plus tard Widmerpool, alors que nous discutions cette scène désolante; et qui s'acheva par le départ très digne de Monsieur Lundquist, qui nous planta là, sauta sur sa bicyclette, et fila à toute allure au risque de se rompre le cou sur l'allée poussiéreuse en pente raide pleine de nids-de-poule. Comme il abordait un virage, il me sembla qu'il allait inévitablement s'étaler; mais il réussit à conserver son équilibre, franchit comme un boulet la grille de fer forgé restée ouverte, et disparut de notre vue. Je tombai d'accord avec Widmerpool que s'il avait imaginé qu'il était contraire au tempérament scandinave de perdre son sang-froid, il avait – pour reprendre une de ses expressions favorites – fondé cette opinion sur une information erronée.

Cette scène, malgré sa violence, fut très brève. Avant qu'elle ne fût achevée, Berthe et Suzette, qui étaient allées se reposer sur un banc, avaient bondi pour y jouer leur rôle de leur mieux. Elles n'y réussirent que partiellement, tout en ajoutant considérablement au brouhaha. Finalement, nous restâmes là plantés au milieu du court à côté de Monsieur Örn, qui pendant tout l'incident n'avait laissé échapper pratiquement que des monosyllabes. Il se mit alors à vociférer d'une voix stridente qui devint chevrotante sous l'effet de l'émotion au bout d'une minute ou deux. Nous fûmes d'abord, Widmerpool et moi, incapables de comprendre de quoi il s'agissait, d'abord parce que cette technique du lob que pratiquait Monsieur Lundquist était suffisamment courante pour qu'aucun d'entre nous n'ait rien remarqué de particulier cet après-midi-là; ensuite parce qu'à l'âge que j'avais alors, je ne pouvais comprendre l'immense colère dont le cœur humain est capable sous l'accumulation de sources d'irritations minimes. Cependant, l'objet de cette querelle devint clair après le départ de Monsieur Lundquist. En fait, Monsieur Örn nous fit lui-même la démonstration de ce qui l'avait mis en colère en lançant la balle – celle qui était déchirée – légèrement au-dessus du filet comme le faisait Monsieur Lundquist – pour qu'elle retombe, plouf, comme un caillou dans la terre rougeâtre. « *Jamais*, répétait Monsieur Örn en refaisant la même manœuvre, *jamais – jamais.* » Voulait-il dire que l'on devrait s'interdire de telles pratiques, ou manifestait-il ainsi son intention de ne plus jamais jouer au tennis avec Monsieur Lundquist, la chose restait vague.

Il en résulta une brouille entre Monsieur Örn et Monsieur Lundquist, et elle paraissait définitive. Avant même d'avoir rejoint la maison, j'avais déjà dans mon esprit échafaudé un rapport satisfaisant sur la situation, et j'imaginais – de travers, comme il apparut plus tard – que j'en avais saisi les rouages mieux que Widmerpool. Quant aux deux demoiselles, elles n'ont probablement jamais rien compris à ce qui s'était passé; elles ne perdirent cependant pas de temps pour expliquer ce qui n'allait pas, et comment y remédier. Impossible de savoir ce qu'elles racontèrent à Madame Leroy, car elles se précipitèrent pour lui faire leur rapport dès notre arrivée à La Grenadière.

De toute façon, ce qu'on lui avait dit était suffisant pour qu'elle s'attendît à ce que le dîner fût un moment éprouvant; Monsieur Örn n'y dit pas un seul mot à Monsieur Lundquist et ils parlèrent fort peu aux autres convives, répandant à travers la table un nuage de haine qui semblait mettre mal à l'aise même Madame Leroy, encore qu'il fût difficile de lui faire perdre de son assurance dans sa propre maison. Son mari, il est vrai, semblait ignorer, ou alors il ne s'en souciait guère, que quelque chose n'allait pas. Quant à Paul-Marie et à Jean-Népomucène, d'abord ravis de voir les grands se disputer, ils oublièrent bientôt nos Scandinaves et ils se lancèrent dans un de leurs numéros à eux. Berthe, Suzette et Madame Dubuisson semblaient au comble de la surexcitation, et ne cessaient de se lancer des regards pleins de sous-entendus, tandis qu'elles se murmuraient des choses d'une voix sifflante. Widmerpool semblait également bouleversé. La seule personne à s'amuser de tout son cœur, c'était Monsieur Dubuisson : il parla plus qu'il ne le faisait généralement pendant les repas, et il se lança même dans un petit *exposé* sur l'un de ses sujets favoris attaqué la veille, le problème du développement de l'irrigation du Maroc. Quant à moi, tout cela me mettait mal à l'aise, et je ne voyais aucune issue; et je n'imaginais pas comment la vie de tous les jours pourrait reprendre, sauf à servir d'intermédiaire en passant à Monsieur Örn ou à Monsieur Lundquist à boire ou à manger lorsque cela semblerait nécessaire, puisque ni l'un ni l'autre ne voulaient s'adresser la parole. Cela dura encore tout le lendemain, puis le jour suivant : il semblait devenu définitivement impossible de rétablir entre Monsieur Örn et Monsieur Lundquist les relations, même médiocres, qu'ils avaient entretenues auparavant.

A ma grande surprise, Monsieur Dubuisson aborda le sujet avec moi un soir que nous nous trouvions seuls tous les deux dans le jardin. Toute la journée, il avait encore fait une chaleur de four, une poussière blanche recouvrait les feuilles des arbustes d'une couche épaisse, ainsi que le vieux banc sur lequel nous étions assis. Je lisais un exemplaire de *Bel-Ami* que j'avais découvert dans la collection somme toute assez peu intéressante contenue dans la bibliothèque vitrée du vestibule. Monsieur Dubuisson s'était promené dans les allées du jardin en étudiant le journal. Il traversa la pelouse desséchée et vint s'asseoir à côté de moi, puis il sortit de la poche de son veston d'alpaga noir une pipe dont – comme Peter Templer – il était, pour une raison inconnue, extrêmement fier. Il commença par se racler la gorge puis se retournant, cracha par-dessus le dossier. Lentement, d'un air désapprobateur, il dit : « Il me semble que ce serait un peu absurde que je m'adresse à vous en français, si l'on considère la maîtrise différente que nous avons chacun de la langue de l'autre. Qu'en pensez-vous, Jenkins ? »

« Absolument. »

Il faut admettre qu'il parlait remarquablement l'anglais, avec quelques hésitations rendues nécessaires par la subtilité de sa propre pensée. Et chaque phrase était sans doute possible destinée à vous étonner par son éclat et sa pénétration. Se souriant à lui-même, comme s'il songeait à quelque chose de particulièrement spirituel qu'il gardait pour lui tout simplement parce que cela risquait d'échapper à la compréhension du vulgaire, il commença à bourrer sa pipe avec un tabac – toujours comme celui de Peter – qui dégageait une odeur épouvantable.

« Cela ne semble pas aller au mieux entre nos deux bons amis du Grand Nord », dit-il.

J'en tombai d'accord.

« Vous et moi, poursuivit Monsieur Dubuisson, nous appartenons à des nations qui ont résolu leurs différents problèmes de différentes façons. »

Je reconnus le caractère indéniable de cette assertion.

« Nos pays, comme vous diriez, sont même tombés d'accord pour être différents. Vous vous appuyez sur la tradition, nous sur la logique. »

J'ignorais alors combien de fois il me faudrait entendre ce contraste dans nos caractères nationaux, de la part des Français dont je me trouverais croiser le chemin; je fus à nouveau de son avis.

« D'après ce que je comprends de cette affaire, poursuivit Monsieur Dubuisson, d'après ce que je comprends de ses circonstances, il serait difficile de réussir quelque chose qui ressemblât à une réconciliation. »

« Très difficile ... je ...

« Ce serait difficile, car il serait difficile de déterminer si l'on devrait faire appel, d'un côté, à votre penchant congénital pour la tradition, ou, d'un autre côté, à notre préférence caractéristique pour la logique. N'êtes-vous pas de mon avis? Il conviendrait peut-être même de tendre vers une fusion scandinave de ces deux idées. Avez-vous lu Strindberg? »

« J'en ai entendu parler. »

« Je pense que notre ami suédois, Lundquist, est très satisfait de lui-même, dit Monsieur Dubuisson, sans me laisser interrompre le fil de sa pensée, tout en continuant à sourire en hochant la tête, en causeur lui-même habitué à l'exquise sensation que la satisfaction de soi-même est susceptible de nous procurer. – Örn, quant à lui, semble avoir perpétuellement le cafard. Pendant la guerre, j'ai connu certains de vos compatriotes qui appartenaient à ce type. Toujours abattus. »

« Avez-vous beaucoup fréquenté l'armée britannique ? »

« Pas mal vers la fin. C'était inévitable, parlant l'anglais comme je le fais. J'ai été commandant en second d'un bataillon pendant trois mois. J'ai été blessé deux fois et j'ai reçu quatre citations. »

Je lui demandai s'il avait rencontré mon père à Paris ; mais, encore que Monsieur Dubuisson refusât de l'admettre, ils ne s'étaient probablement jamais vus ; il m'assura que le commandant Leroy parlait toujours de mon père dans les termes les plus flatteurs. Puis Monsieur Dubuisson ajouta : « Je travaillais surtout avec le capitaine Farebrother, que vous avez peut-être rencontré en Angleterre. Dans l'armée, ses camarades l'appelaient Sunny Farebrother. »

« Oui, c'est tout à fait étonnant, mais je le connais. »

De fait, j'avais pensé à Farebrother dès que j'avais fait la connaissance de Monsieur Dubuisson et qu'il m'eut étalé ses états de service, parce que tout de suite je m'étais dit que Jimmy Stripling aurait détesté Monsieur Dubuisson, avec ses blessures et ses citations. De plus, la façon dont Monsieur Dubuisson évoquait ses campagnes accentuait la discrétion avec laquelle Farebrother parlait des siennes.

« Et pourquoi trouvez-vous cela si étonnant? » demanda Monsieur Dubuisson, tandis qu'un de ses sourires supérieurs s'étalait sur son visage, pour en faire un masque de la comédie classique, couronné de cheveux mauves. Je sais que le capitaine Farebrother va beaucoup dans le monde. Qu'y a-t-il de plus naturel que de l'y rencontrer? »

J'ignorais à l'époque qu'il est impossible de convaincre les égoïstes du calibre de Monsieur Dubuisson que tout dans le monde ne tourne pas autour de leur propre personne – dans ce cas, Monsieur Dubuisson lui-même; et je ne comprenais pas qu'à ses yeux, la seule justification possible de ma présence à La Grenadière était que j'avais rencontré quelqu'un qu'il connaissait; je tentai donc de lui expliquer que notre relation commune avec Farebrother me semblait constituer une miraculeuse coïncidence. Enfin, si j'avais été assez âgé pour connaître quelque chose au monde des conférences et affaires en marge de la politique, univers relativement étroit, leur rencontre m'aurait paru beaucoup moins inattendue.

« C'était un charmant garçon, dit Monsieur Dubuisson. Une fois, le capitaine Farebrother s'est montré intéressé dans une petite affaire, dont je n'ai plus jamais entendu parler. Peut-être connaissez-vous son adresse? »

« Je crains bien que non. »

« C'est d'ailleurs sans importance, continua Monsieur Dubuisson, je peux facilement retrouver sa trace. »

Ce qui ne l'empêcha pas de se racler la gorge d'un air mécontent. Il me sembla que cette conversation sur la guerre, en ravivant de vieux souvenirs, l'avait éloigné de son sujet. Il resta un moment à tirer sur sa pipe, puis il en revint à Monsieur Örn et à Monsieur Lundquist.

« Vous étiez présent quand cet incident a éclaté, dit-il. Pourriez-vous m'en faire le compte rendu? »

Je lui racontai ce que j'avais vu comme témoin de l'affaire. Il écouta soigneusement mon récit qui semblait, je dois l'admettre, assez ridicule, rapporté ainsi de sang-froid. Lorsque j'eus achevé, il tapa sa pipe contre le pied du banc puis, se tournant vers moi, dit d'un ton tolérant : « Écoutez, Jenkins, vous savez bien que ni vous ni moi nous ne pouvons croire à de telles fariboles. Des adultes ne se disputent pas pour ce genre de choses. »

« Et alors, à propos de quoi se disputent-ils? »

Monsieur Dubuisson eut son petit sourire sceptique, puis il hocha la tête plusieurs fois.

« Vous n'êtes plus un enfant, Jenkins. Je sais qu'en Angleterre on n'insiste pas sur ce genre de choses. Mais vous avez certainement remarqué qu'à La Grenadière nous avons la présence de deux charmantes demoiselles, n'est-ce pas? »

Je ne le niai pas.

« Très bien, reprit Monsieur Dubuisson, très bien. »

Il se leva et resta à me regarder, les mains dans le dos. J'étais plutôt mal à l'aise, à me demander s'il avait deviné le sentiment que m'inspirait Suzette.

« Alors que faut-il faire? » demandai-je, pour mettre un terme à ce silence.

« Ah, *mon vieux*, répondit Monsieur Dubuisson, vous pouvez bien poser la question. Pour moi – avec cette tournure d'esprit que j'ai et qui me pousse à imaginer des parallèles politiques – cela ressemble fort aux problèmes de l'Europe en miniature. Deux demoiselles – deux messieurs. Quel monsieur pour quelle demoiselle? Votre gouvernement voudrait voir le mien dévaluer le franc. Et nous affirmons que la solution est liée à votre politique d'exportation. »

Il haussa les épaules.

« Je hausse les épaules, dit-il, comme un personnage de Français sur une scène londonienne. »

Je ne voyais pas du tout comment répondre à cette mise sous forme allégorique et politique de l'affaire en question; et je ne saisissais pas du tout le parallèle qu'il traçait avec assez d'assurance pour s'attendre à me voir exprimer mon accord ou mon désaccord. Mais, comme d'habitude, Monsieur Dubuisson n'attendait pas en fait de réponse. Il dit :

« J'apprécie, Jenkins, que vous soyez venu ici pour apprendre. Mais en même temps vous risquez d'avoir besoin de quelque chose de plus – comment dire? – de plus stimulant que les conversations que votre maniement quelque peu limité du français vous permet pour le moment. N'hésitez pas à me parler quand nous sommes seuls du sujet qui se trouvera vous intéresser. »

Il sourit à nouveau; et tandis que je le remerciais, il ajouta : « La plupart des sujets me sont familiers. »

Et il traversa lentement la pelouse en direction de la maison, tout en remettant sa pipe, qu'il semblait considérer comme un emblème du bon sens, dans la poche de son veston d'alpaga noir. Il portait ce veston avec un pantalon de tussor beige.

Je restai sur mon banc à méditer ses remarques, qui semblaient nécessiter un certain classement avant de pouvoir être jugées. Je n'arrivai pas à admettre sa théorie que la jalousie inspirée par les deux demoiselles, au moins la jalousie sous sa forme habituelle, pût être à l'origine de cette querelle; car, en acceptant même d'associer les Scandinaves à Berthe et à Suzette, chacun d'eux s'accouplait – si toutefois un tel verbe peut s'employer pour une liaison aussi platonique – avec une jeune fille différente, et tout le monde semblait parfaitement satisfait de cet état de choses. Berthe, je l'ai dit, avait visiblement un faible pour Monsieur Örn qui en retour manifestait pour elle une attitude indéniablement chevaleresque, chaque fois qu'il fallait regonfler les pneus de la bicyclette de Berthe, ou l'aider à porter des paquets lorsqu'elle allait au village faire des courses. Comme Berthe, Monsieur Örn était fiancé; et il avait une fois montré une petite photographie un peu fanée qui le représentait en costume de ski dans la neige avec sa fiancée, qui venait de Trondhiem. Monsieur Lundquist, quant à lui, encore que l'intérêt qu'il se portait à lui-même ne lui laissât que peu de temps à consacrer aux demoiselles ou à n'importe qui d'autre, semblait assez attiré par Suzette. Et dans la mesure où on pouvait voir dans ces dispositions l'amorce d'un système, cela semblait donner entière satisfaction à tout le monde. En fait, la seule personne dont on aurait pu prétendre qu'elle ressentait dans une certaine mesure les émotions suggérées par Monsieur Dubuisson, c'était moi ; en effet, encore que l'épisode du court de tennis représentât l'aspect le plus dramatique de la vie à La Grenadière, l'image de Suzette jouait en fait un rôle beaucoup plus important dans mes pensées que les problèmes des Scandinaves, malgré le peu de retenue de leur comportement.

J'essayais parfois de démêler ces sentiments qui s'étaient développés chez moi à l'égard de Suzette, et qui avaient provoqué de temps en temps mon irritation, quand par exemple Monsieur Lundquist bavardait avec elle sur un ton animé, ou qu'il l'aidait à descendre l'escalier en colimaçon de quelque château médiéval que nous nous trouvions visiter. Réactions dont je savais qu'elles étaient comparables à celles provoquées par Jean Templer dont, comme je l'ai dit, je me croyais amoureux ; et je fus plutôt surpris de découvrir que le retour répété des images mentales de l'une ou de l'autre, Jean ou Suzette, n'excluait pas l'autre pour autant. C'est alors que je commençai à deviner que l'amour était peut-être bien une affaire compliquée.

Naturellement, ces réflexions se rattachaient à la question générale des « filles » si souvent évoquée en ma présence par Stringham et Templer.

La chose curieuse c'était que, tout en sachant bien que l'attrait exercé sur moi par Suzette faisait simplement partie d'un instinct qui avait provoqué le « fâcheux incident » de Peter – qui ne m'inspirait par ailleurs aucune désapprobation –, le trouble durable provoqué chez moi par Jean et Suzette ne semblait pas lié à une décision somme toute brutale, comme cela avait été le cas chez Templer. Je ne voyais pas sa conduite cet après-midi à Londres comme formant un contraste avec ma propre incapacité à résoudre le problème posé par ces demoiselles; ni comme l'extension – ou la version plus vulgaire ou aggravée – d'un mobile semblable. Même à mes propres yeux, ma position semblait brumeuse : agréable et mélancolique à la fois. Je fus cependant frappé par l'idée qu'il en résulterait sans aucun doute des ennuis pour moi si ce désordre du cœur devait se répéter tout au long de ma vie, avec ce rythme étourdissant qui semblait devenu inévitable.

Quant à Suzette elle restait, en ce qui me concerne, presque aussi énigmatique que Jean. Parfois je pensais qu'elle aimait s'asseoir à côté de moi à table, ou être ma partenaire dans ces étranges parties de bridge aux enchères qui se déroulaient parfois le soir, et qui ressemblaient autant aux jeux de cartes ordinaires que notre tennis ressemblait à du vrai tennis; et il se trouva même une occasion où sa préférence sembla pouvoir se manifester plus clairement. Cela se passa un lundi après-midi, alors qu'on donnait à Bum son bain sur la table du jardin et que, comme Madame Leroy avait la migraine, c'était Suzette qui menait les opérations.

Elle m'avait demandé de tenir le chien pendant qu'on le savonnait. Bum d'ordinaire adorait être baigné, et il restait debout bien gentiment les pattes écartées, en attendant qu'arrive le moment de le sécher avec une serviette épaisse; ensuite il se sauvait en courant et en agitant la queue. Ce jour-là cependant, il resta paisiblement sur sa table tant qu'on lui savonnait l'arrière du dos, mais il m'échappa alors et sauta à terre. Il se mit à se secouer frénétiquement, puis fila à travers le jardin, ayant visiblement décidé qu'en fait de bain, cela suffirait. C'est alors que Charley apparut à la grille. J'ai dit qu'on ne baignait jamais Charley, et qu'il était jaloux de cette attention dont bénéficiait Bum à cause de son beau poil. Charley se mit à gronder, et les deux chiens s'élancèrent dans les allées en se grognant après, mais comme pour jouer, avec Suzette et moi lancés à leur poursuite. Charley disparut finalement dans les buissons, et nous poussâmes Bum vers le pavillon. Comme nous y pénétrions derrière lui, il sauta sur le banc et de là par la fenêtre. Suzette s'assit hors d'haleine, en secouant la tête pour montrer qu'elle n'irait pas plus loin. Je m'assis à côté d'elle, et je me retrouvai ma main appuyée sur la sienne. Elle continua à rire, sans ôter ses doigts de sous les miens. Ces préliminaires fortuits auraient-ils eu des suites positives, il est difficile de le dire. Je n'avais pas de plan de campagne à l'esprit, je savais cependant que c'était un moment qui allait nous engager dans une voie ou une autre. Il est probable, et même certain, qu'elle savait beaucoup mieux que moi de quoi il retournait. Cependant, la situation n'eut pas le temps d'évoluer car à ce moment-là, Widmerpool entra dans le pavillon; exactement comme le jour de mon arrivée.

« *Mais qu'est-ce que c'est que ce bruit effroyable?* demanda-t-il. *On doit penser que tout le monde est devenu fou.* »

« *Tout le monde est fou*, dit Suzette. *Naturellement, tout le monde est fou.* »

Nos mains se séparèrent comme Widmerpool franchissait le seuil. Il s'assit entre nous et se mit à parler des *Misérables*, qu'il avait empruntés à Monsieur Örn. Suzette reprit son attitude réservée et intéressée, qui m'était devenue si familière, et elle se lança dans un discours, presque aussi ennuyeux que celui de Widmerpool, sur Victor Hugo. L'occasion était passée; mais au cours des jours qui suivirent je repensais souvent à cet instant dans le pavillon où nos mains s'étaient rencontrées, et je regrettais de n'avoir pas réussi à tirer parti de cette occasion.

Ce que Monsieur Dubuisson venait de me dire alors que nous étions assis sur le banc avait par conséquent eu un effet particulièrement intense en venant confirmer non seulement la puissance extraordinaire, et vaguement alarmante, des émotions, mais en montrant le respect que Monsieur Dubuisson montrait à l'égard de ces mêmes forces, en prétendant qu'elles apparaissaient d'abord lorsqu'il s'agissait d'analyser les relations humaines. Il ne me sembla pas possible de discuter de tels sujets avec Widmerpool; et il ne me vint jamais à l'idée qu'il pût lui aussi se sentir attiré par Berthe ou Suzette. Je ne le voyais toujours que sous l'image fruste et imparfaite que j'avais eue de lui à l'école.

Si j'avais voulu parler de Suzette avec Widmerpool, j'en aurais eu l'occasion le soir même, car sur le ton cérémonieux qui lui était habituel, il me dit après le dîner qu'il aimerait avant d'aller se coucher m'entretenir en particulier. Il montrait tous les signes d'une vive satisfaction, lorsqu'il me parla, et il frottait ses vilaines petites pattes rugueuses, comme l'avait remarqué Stringham. Sauf aux repas, je ne l'avais pas vu de la journée. J'imaginais qu'il l'avait passée à travailler dans sa chambre, où il disparaissait parfois pendant des heures, à traduire les classiques français, ou à se plonger dans l'étude de la langue.

Ce soir-là tout le monde, sauf le commandant Leroy, se retira de bonne heure; probablement parce que l'atmosphère troublée provoquée par Monsieur Örn et Monsieur Lundquist, bien que cela fût moins écrasant que la veille, décourageait encore les conversations. Lorsque tout le monde fut monté se coucher, Widmerpool, les lèvres froncées et les joues gonflées, resta à regarder le commandant, avec l'espoir évident de le voir se retirer à son tour, mais l'autre s'attardait à feuilleter un vieil exemplaire froissé de *L'Illustration*, en évoquant de façon discontinue les circonstances dans lesquelles il avait été gazé. J'aimais bien le commandant Leroy. Malmené par sa femme, il avait cependant réussi à se ménager une vie agréable; et entre ses médicaments et son petit tour de jardin, il s'était fait une philosophie de l'indifférence qui rendait sa présence reposante, plutôt que le contraire. Widmerpool le méprisait, cependant, principalement, si j'ai bien compris, parce qu'il n'avait pas atteint un grade plus élevé dans l'armée. En revanche, Widmerpool respectait Madame Leroy : « Elle présente plusieurs des qualités de ma mère », expliquait-il. Et je me demande même si elle ne lui faisait pas un peu peur.

Le commandant Leroy décrivit en détail comment son unité avait reçu l'ordre de monter en ligne en suivant un réseau de routes sous un bombardement dû à une erreur de l'état-major. Il était allé personnellement reconnaître le terrain, etc. Le récit s'acheva enfin, quand il se retrouva entre les mains de médecins militaires, dont il parlait avec une vive horreur. Widmerpool se leva. Il y eut encore une longue attente, pendant laquelle on envoya Bum dans le jardin; quand Bum fut revenu, le commandant Leroy nous serra la main et alla se coucher. Widmerpool ferma la porte derrière lui, puis s'assit dans le fauteuil du commandant.

– J'ai réglé le problème entre Örn et Lundquist, dit-il.

– Que diable veux-tu dire?

Widmerpool fit ce bruit de déglutition, qui rappelait un peu une locomotive montant en pression, et qui chez lui indiquait la surexcitation ou la contrariété : pour le moment, il s'agissait d'une satisfaction peu commune qu'il éprouvait.

– J'ai eu, poursuivit-il, une conversation avec eux deux, séparément, et je pense pouvoir sans m'avancer affirmer que je ne suis pas loin de les avoir persuadés de se raccommoder.

– Quoi?

– J'ai en fait toutes les raisons de croire que d'ici vingt-quatre heures je serai parvenu à ce résultat.

– Tu leur as dit de ne plus se comporter en parfaits imbéciles?

Ce n'était pas la chose à dire. Widmerpool, qui donnait jusque-là les signes d'une humeur plus satisfaite que d'ordinaire, pendant ses conversations avec moi, changea brusquement d'expression, et également de comportement. Il ajouta :

– Jenkins, acceptes-tu que l'on te dise tes quatre vérités?

– Ma foi, pourquoi pas?

– Eh bien, continua Widmerpool, tu as beaucoup trop tendance à critiquer les autres; deuxièmement, lorsque quelqu'un est blessé dans son amour-propre, il faut le plaindre et non pas l'en blâmer. Tu te souviendras de cela avec profit.

– Mais ils se sont conduits tous les deux de façon stupide, et ils ont rendu la vie de tout le monde impossible. Lundquist n'aurait peut-être pas dû passer des lobs comme il l'a fait, mais enfin Örn devrait y être habitué. De toute façon, si Örn a eu des mots un peu vifs, il aurait facilement pu s'excuser. Que crois-tu qu'il ait dit?

– Je n'en ai pas la moindre idée, répondit Widmerpool, et je ne veux pas le savoir. Je suis de ton avis pour dire que sous un certain aspect – je dis bien *certain* – Lundquist joue d'une façon qui laisse à désirer; j'entends d'un point de vue purement, et peut-être exagérément, sportif. D'un autre côté, il n'est pas question de tricherie de sa part.

– C'est quand même une façon assez médiocre de gagner le service.

– Les jeux, déclara Widmerpool, sont joués pour être gagnés, malgré ce que l'on peut dire ou écrire afin de prouver le contraire. Lundquist ne rate jamais ce service. Peut-on lui reprocher de l'utiliser?

Il croisa les bras et fixa l'obscurité derrière moi, comme à la recherche de nouvelles munitions dialectiques, au cas où je n'aurais pas encore été convaincu.

– Mais est-ce que tu te servirais de ce genre de service?

– Chacun a ses règles de conduite, répondit Widmerpool. Les miennes doivent bien valoir celles des autres.

– Enfin, dis-je, car je commençais à me lasser de ce sujet, qu'as-tu fait pour les réconcilier?

– D'abord, je suis allé voir Lundquist, répondit Widmerpool, en perdant un peu de son air pincé; je lui ai expliqué que nous avions tous compris que Örn n'aurait pas dû lui parler de la sorte.

– Mais nous ignorons ce que Örn lui a dit.

Widmerpool fit de la main un geste d'irritation. Il sembla sur le point d'arrêter là son récit, se ravisa et reprit :

– Je lui ai dit que nous savions tous que Örn avait un côté rustre, et que Lundquist le savait mieux que personne. Il ne fallait donc pas s'attendre de la part de Örn à un excès de courtoisie.

– Et comment Lundquist a-t-il pris cela?

– Il a tout à fait été de mon avis. Mais il a insisté sur le fait que de telles carences, qui d'après lui sont inhérentes au système d'éducation norvégien, ne changent rien au fait que lui, Lundquist, a été insulté.

Là-dessus, Widmerpool se tint coi, et il m'examina d'un air plutôt menaçant, comme s'il s'attendait à ce que cette affirmation de la part de Lundquist suscitât un commentaire de ma part. Je restai silencieux, et il reprit :

« Il était difficile de répondre à cela. Je lui ai donc demandé de me permettre d'aller maintenant parler à Örn à ce sujet.

– Et qu'a-t-il répondu?

– Il s'est incliné.

– Tout cela me paraît bien cérémonieux.

– C'était en effet très cérémonieux, dit Widmerpool. Et pourquoi en aurait-il été autrement?

Ne sachant que répondre, je ne relevai pas le défi, en me disant qu'après tout, il avait peut-être raison.

– Je suis donc directement allé trouver Örn, reprit Widmerpool, et je lui ai dit que tout le monde comprenait parfaitement l'irritation bien justifiée provoquée chez lui par le service de Lundquist, mais qu'il lui fallait bien comprendre, comme nous le faisions tous, que Lundquist avait sa fierté, et personne n'était mieux placé que Örn pour le comprendre, ai-je dit. Je lui ai également fait remarquer que ce devait être pénible pour *l'amour-propre* de Lundquist de perdre tout le temps – même s'il s'inclinait devant un meilleur joueur que lui.

– Et tout cela en français?

Widmerpool ignora ma question, mais comme les deux Scandinaves savaient pas mal d'anglais, elle me semblait pertinente.

– Örn s'est révélé plus obstiné que Lundquist, reprit Widmerpool; Örn s'est mis à répéter que si Lundquist avait envie de jouer à la baballe avec les demoiselles, ou même les petits garçons, a-t-il ajouté, libre à lui, les occasions ne manquaient pas. Örn, quant à lui, préférait jouer avec des *hommes,* – et il a crié *hommes*, en précisant que par hommes il entendait également Paul-Marie et Jean-Népomucène, mais pas Lundquist.

Widmerpool fit une pause.

– Et il en est resté là?

Widmerpool secoua la tête négativement, et eut un petit sourire.

– Cela n'a pas été facile de persuader Örn, dit-il.

– Il a fini par se décider?

– Il a accepté que je revienne demain continuer la discussion.

– Tu te donnes vraiment beaucoup de mal pour eux.

– Ce genre de choses en vaut la peine, dit Widmerpool, peut-être t'en rendras-tu compte un jour, Jenkins.

Pas mal impressionné, je le suivis en haut. Il y avait quelque chose dans cette obstination qu'il mettait à poursuivre ses objectifs qui ne pouvait être négligé ni simplement tourné en ridicule. Même là, je ne devinai pas la recherche du pouvoir.

La conséquence des efforts de Widmerpool apparut deux jours plus tard, lorsqu'on vit Monsieur Örn et Monsieur Lundquist s'asseoir ensemble, après le dîner, à l'une des tables du jardin, pour finir une bouteille de cognac : ils en avaient offert un verre à Madame Leroy, à Madame Dubuisson et à moi-même et deux verres à Monsieur Dubuisson : tous les autres, pour une raison ou une autre, avaient refusé. J'étais couché et endormi depuis longtemps lorsque je fus réveillé par le vacarme que faisaient les deux Scandinaves comme ils regagnaient leurs chambres en titubant, apparemment redevenus les meilleurs amis du monde. C'était le triomphe de la diplomatie de Widmerpool. L'activité qu'il avait déployée révélait un aspect de son caractère que je ne soupçonnais pas. Il me fallait admettre qu'en réconciliant Monsieur Örn et Monsieur Lundquist, il avait réussi un exploit que je n'aurais même pas tenté.

Cette atmosphère de tension qui avait régné pendant toute la période de dispute fut remplacée par une impression d'affabilité un peu forcée, à laquelle tous participèrent, sauf Monsieur Dubuisson. Monsieur Dubuisson avait accepté le verre de cognac comme la preuve extérieure de la réconciliation, mais il ne manifesta aucune surprise devant ce raccommodement, et certainement aucune satisfaction non plus. Madame Leroy était naturellement ravie; encore qu'à mon avis elle ne sut jamais comment l'harmonie était revenue : elle attribua sans doute cela à un simple changement d'humeur chez les deux jeunes gens. Quant à nous autres, l'amélioration ne pouvait nous échapper. La fin de mon séjour à La Grenadière se passa, somme toute, dans une ambiance de bonne volonté générale, à l'exception d'un incident relativement mineur qui ne concerna que Widmerpool. On n'en éprouva pas moins une impression de détente quand Monsieur Lundquist s'en alla, quelques jours plus tard, pour Bonn, où il devait poursuivre le cycle de ses études. Monsieur Örn lui serra très cordialement la main, et ils décidèrent de se revoir quand Monsieur Örn visiterait Stockholm, comme il assura Monsieur Lundquist qu'il avait toujours eu l'intention de le faire, tôt ou tard. Mais il me semble indubitable qu'au fond de son cœur Monsieur Örn fut aussi heureux de voir les talons du Suédois que Monsieur Lundquist était satisfait d'échapper enfin à Monsieur Örn.

Ce qui ne laissa pas d'être curieux, c'est que Widmerpool, unique auteur de cette réconciliation, n'en retira presque aucun mérite. Durant les quelques jours qui leur restaient après leur réconciliation, Monsieur Örn et Monsieur Lundquist se promenèrent parfois ensemble dans le jardin, et Widmerpool essayait alors de se joindre à eux; mais je remarquai qu'ils s'éloignaient alors de lui, ou se refusaient à parler anglais, ou français, ce qui l'empêchait de se mêler à la conversation. Difficile d'affirmer qu'il le remarqua; mais sa dernière semaine à La Grenadière fut de toute façon assombrie par une autre affaire, suffisamment désagréable pour lui. Ce fut l'apparition sur le mur du *cabinet de toilette* d'une représentation maladroite, mais non sans mérites, de sa propre personne, un peu dans le style de ces dessins préhistoriques que l'on trouve sur les parois des cavernes de la Dordogne – et qui avait été dans le cas présent gravée dans le plâtre à l'aide d'un instrument pointu.

Deux faits me parurent indiscutables au sujet de cette composition : premièrement, on avait bien voulu faire le portrait de Widmerpool ; deuxièmement, l'artiste était français. A part cela, je ne voyais pas du tout qui pouvait bien être le responsable, et j'ignorais totalement à quel moment l'œuvre avait été exécutée. Lorsque je découvris son existence, cela faisait vingt-quatre heures que Widmerpool était d'une humeur noire ; d'où j'en conclus qu'il avait vu cela un jour avant moi. Je me demandai s'il allait aborder le sujet.

Le soir même il me dit :

– Je crois vraiment qu'il faudrait faire quelque chose à propos de ces deux petits Français.

– Qu'est-ce qu'ils ont encore inventé ?

– Tu n'as pas remarqué ce dessin sur l'un des murs ?

– Ah oui, ce gribouillis ? demandai-je avec une mauvaise foi évidente.

– J'ignore ce que c'est censé représenter, continua Widmerpool, et encore que ce ne soit pas positivement indécent, c'est extrêmement suggestif, ce qui est pire. Je n'ai pas envie d'en parler à Madame Leroy, mais je crois cependant qu'il faudrait le faire effacer.

– Et comment t'y prendrais-tu ?

– Eh bien, en repeignant par-dessus, ou quelque chose comme ça. C'est Paul-Marie, j'imagine.

Il ne parla plus du dessin, mais je sais que cela assombrit la fin de son séjour à La Grenadière.

Personnellement, l'identité de l'artiste m'inspirait aussi quelque curiosité, et je n'étais pas sûr du tout que Widmerpool eût raison en attribuant la paternité de cette œuvre à Paul-Marie. S'il fallait suspecter un des deux garçons, j'aurais parié sur Jean-Népocumène, bien capable d'avoir soudain éprouvé le besoin de s'exprimer graphiquement, pour faire concurrence aux dons oratoires exceptionnels de son frère aîné. Cela dit, il n'existait aucune raison de l'imaginer doué pour le dessin; de plus, étant donné la facilité ainsi manifestée, on ne pouvait négliger l'hypothèse qui écartait la responsabilité des deux garçons.

Je passai en revue tous les habitants de la maison. Il était difficile d'attribuer cela à Madame Leroy ou à son mari. Berthe, c'est vrai, avait parfois manifesté de l'orgueil au sujet de ses aquarelles : mais ç'aurait été une façon bien bizarre de manifester son talent. Impossible d'imaginer que c'était l'œuvre de Suzette, je rejetai immédiatement cette idée de mon esprit. Rosalie trimait toute la journée et n'avait pas le temps de graver si profondément dans les murs. Marthe était généralement dans la cuisine, et aurait à peine eu le temps d'observer Widmerpool avec suffisamment d'attention pour atteindre à une telle ressemblance. Il me semblait douteux que Madame Dubuisson possédât l'imagination créatrice nécessaire : encore que ce genre de dessin flattât probablement son sens très particulier de l'humour. Il arrivait à Monsieur Dubuisson de nettoyer sa pipe à l'aide d'un instrument pointu en forme de stylet et qui aurait pu servir de burin.

Restait l'hypothèse selon laquelle Widmerpool aurait pu tirer un obscur plaisir à dessiner son propre portrait dans un cadre aussi déplacé mais, objection principale, il y avait le style, typiquement français. Si Widmerpool était l'artiste, l'irritation qu'il avait manifestée révélait en lui un acteur consommé, et il me semblait incroyable que quelque chose d'aussi invraisemblable fût à la racine de ce mystère. La perplexité augmenta un jour ou deux plus tard lorsque le portrait se trouva agrémenté d'un certain nombre de détails au crayon, dont j'étais prêt à jurer qu'ils appartenaient à une autre école. Encore que ces différents ajouts n'étaient peut-être pas le fait d'un seul individu. Ils montraient un certain maniérisme, et le trait était moins sûr. Personne ne parla jamais de cette affaire devant moi, à part Widmerpool, et encore, cette fois-là seulement; mais j'avais de bonnes raisons de penser que Paul-Marie et Jean-Népomucène échangeaient des plaisanteries à eux sur ce sujet.

Lorsque peu après Widmerpool repartit pour l'Angleterre, l'énigme n'était toujours pas résolue. Il était alors absorbé par le projet qu'il avait en tête de ranger dans un nouvel ordre ses livres de droit et ses papiers; et, bien qu'il eût marmonné quelque chose à propos de notre éventuelle rencontre à Londres, il semblait préoccupé par des affaires probablement plus importantes. C'était comme s'il avait déjà chassé de son esprit les frivolités de la Touraine et les différentes bizzareries des hôtes de La Grenadière, avant même qu'il eût embarqué dans le taxi du *grognard* – taxi qui n'avait pas encore commencé la série de ses halètements et de ses soubresauts, car son chauffeur avait l'habitude de descendre la côte en roue libre, afin d'économiser l'essence.

L'espace laissé libre à La Grenadière par le départ de Monsieur Lundquist fut occupé par le Dr. Szczepanowski, un Polonais paisible avec un pince-nez en or et la rosette de la Légion d'honneur à la boutonnière. Monsieur Dubuisson l'emmenait faire des promenades pendant lesquelles il devait lui expliquer ses théories, en particulier le système hydraulique du Maroc. Le matin qui suivit le départ de Widmerpool, un autre visiteur arriva, mais qui ne devait rester que quelques jours. C'était le père de Paul-Marie et de Jean-Népomucène, et il était le portrait vivant de ce Français à la barbe assyrienne qui s'était emparé de ma place dans le train qui m'avait amené de Paris. Peut-être était-ce lui ; en tout cas, il n'en dit rien. Sa présence agit comme un sédatif sur ses deux fils. Monsieur Dubuisson n'approuvait pas son maniement de la langue française, et il me recommanda vivement de ne pas imiter sa syntaxe, en particulier en ce qui concerne le passé simple. Madame Leroy, quant à elle, admirait énormément ce membre de la famille.

« *Quel brave papa !* » répétait-elle en le contemplant, tandis qu'il descendait la colline coiffé de son chapeau de paille et muni de ses gants noirs.

Je n'ai jamais su quel était exactement leur lien

de parenté, mais les regards de Madame Leroy semblaient signifier que la vie lui aurait peut-être été plus douce si elle avait épousé un personnage barbu et titanesque, plutôt que le commandant Leroy. J'étais maintenant familiarisé avec elle, et cependant je continuais à la considérer comme une sorte de sorcière. La vie à La Grenadière n'était pas tout à fait comme la vie dans le monde extérieur. Cela évoquait une étape dans quelque rite initiatique. Un temps, la présence de Widmerpool avait prolongé l'illusion que nous appartenions encore tous les deux à la communauté de l'école, et que tout ce qui était arrivé depuis la dernière fois que je l'avais vu, c'était que nous avions un an ou deux de plus. Comme les semaines passaient à La Grenadière, les changements visibles chez Widmerpool depuis qu'il n'était plus collégien ne faisaient que mettre en valeur la métamorphose qui s'était produite chez moi. Et maintenant qu'il était reparti, son absence de La Grenadière acheva de m'amputer de cette première partie de mon existence; une fois que Suzette me questionnait sur la façon dont les cours se déroulaient en Angleterre, je fus tout surpris de découvrir que j'avais déjà oublié les détails de ce qui pendant si longtemps avait été ma routine quotidienne.

C'est probablement la conscience de ce changement qui me fit progressivement me rendre compte, comme la fin de mon séjour en France approchait, de la nécessité d'adopter devant la vie en général une attitude plus hardie. Cette décision devait quelque chose aux remarques que Widmerpool m'avait faites de temps à autre et devait s'appliquer en particulier au projet de faire un pas décisif – quel pas exactement, cela restait à décider – dans le but de résoudre le problème que me posait Suzette : elle était devenue pour moi une préoccupation dominante, et le souvenir de Jean Templer était passé au second plan. Je réfléchis longuement à ce problème, mais je ne parvins pas à former un projet plus hardi que celui de lui faire une sorte de déclaration lorsque le moment serait venu pour moi de m'en aller : ce qui n'avait rien de particulièrement téméraire, mais qui cependant constituait un pas décisif par rapport à l'état d'inaction chronique, dans ce genre de choses, d'où il me semblait si difficile de sortir. La question, c'était : comment m'y prendre pour tenter ces avances?

J'avais déjà vu d'autres hôtes quitter La Grenadière, et je savais que toute la maisonnée avait coutume à cette occasion de se rassembler pour dire au revoir et regarder le taxi dégringoler ensuite la colline. Si par exemple le problème devait se poser d'embrasser quelqu'un en particulier, il était clair que je courrais le risque d'avoir à embrasser tous ceux qui m'auraient accompagné à la grille, si toutefois ces embrassades étaient simplement imaginables. Bien sûr, il était fort probable que Monsieur Dubuisson, qui connaissait si bien l'Angleterre, ne s'attendait à rien de semblable, mais j'ignorais ce que l'étiquette française prescrivait en ce qui concerne les hôtes : il me semblait cependant que cela en général devait se limiter aux remises de décorations. Il était également possible qu'un geste somme toute relativement intime soit jugé plus compromettant en France qu'en Angleterre. D'autre part, en plus de la situation gênante ou impossible que cela risquait de provoquer si les embrassades devenaient générales lorsque je quitterais La Grenadière, tout espoir de produire sur Suzette une impression particulière serait inévitablement perdu si l'on en venait collectivement à cette façon de se dire au revoir, si agréable que cela pût se révéler dans le cas de Suzette. Il convenait donc de dresser un plan, si je voulais éviter de prendre ma décision à la hâte.

En conséquence, le jour de mon départ pour l'Angleterre, je fis mes bagages de bonne heure, puis je descendis faire le tour de la maison et du jardin. Le temps chaud s'était maintenu pendant tout mon séjour, et le soleil était déjà en train de dessécher la pelouse, où il n'y avait personne d'autre que le Dr. Szczepanowski. Je remarquai que le grand chapeau de paille qui appartenait à Suzette avait disparu du vestibule, où elle le laissait généralement sur la console. Une fois, Bum l'y avait trouvé, il l'avait emporté dans le jardin, et il avait commencé à en ronger le bord. Le Dr. Szczepanowski était en train d'écrire des lettres, et il souriait d'un air amical. Jean-Népomucène apparut à l'une des tables un peu après, et il demanda qu'il l'aide à réparer une lampe électrique, car le Dr. Szczepanowski était très adroit. Ils rentrèrent tous les deux dans la maison à la recherche de ce qu'il fallait pour procéder à l'opération. Peut-être aurais-je la chance de trouver Suzette dans le pavillon, car elle y passait parfois une partie de la matinée à lire.

Je traversai rapidement la pelouse, je franchis l'arceau, prêt à battre en retraite si je trouvais Monsieur Dubuisson installé là avec sa pipe. L'émotion produite par la vue du chapeau de Suzette était hors de proportion avec le caractère vague de mon projet. Elle était assise à moitié de dos par rapport à moi ; je me dis que si je perdais du temps à bavarder, je risquais de me retrouver coincé dans des mondanités dont il me serait impossible de m'échapper, je murmurai que j'étais venu dire au revoir et je lui pris la main, car comme elle avait le bras allongé sur le dossier du banc, sa main se trouvait juste devant moi. Elle se retourna et je découvris alors que cette main, c'était celle de Madame Dubuisson qui, en sortant de la maison, avait dû prendre le chapeau de paille de Suzette pour se protéger les yeux tandis qu'elle traversait le jardin.

Il était trop tard pour battre en retraite. J'avais préparé quelques phrases pour exprimer mes sentiments, et j'avais déjà commencé l'une d'elles. La confusion une fois faite, il ne me restait qu'à faire comme si c'était la présence de Madame Dubuisson qui m'avait fait trouver mon séjour à La Grenadière si romanesque. Je lui pris rapidement l'autre main, et je me lançai dans le discours que j'avais si minutieusement répété pour Suzette.

Seule circonstance atténuante pour moi, Madame Dubuisson ne manifestait pas la moindre surprise. J'ai oublié en quels termes elle répondit à mon discours embarrassé d'où il ressortait que sa présence à La Grenadière resterait pour moi le plus doux des souvenirs; mais je sais que sa réponse fut exactement ce qui convenait : si bien tournée, en fait, qu'elle semblait avoir déjà été utilisée dans un certain nombre d'occasions où elle avait dû se retrouver dans des circonstances similaires. Elle était petite et ronde et, à mon avis, pas déplaisante du tout. Son rôle dans la situation que je venais de créer fut, à mon avis, parfaitement satisfaisant. Peut-être m'aurait-elle laissé l'embrasser sur la joue, mais je n'en jurerais pas. Elle me demanda de lui envoyer une carte postale représentant Buckingham Palace, quand je serais rentré en Angleterre.

Cette scène, qui ne dura que quelques minutes, consomma pas mal d'énergie nerveuse. Je compris qu'il n'était pas question de recommencer quelque chose d'analogue avec Suzette, même si l'occasion s'en présentait dans le peu de temps qui me restait. J'avais joué ma carte et, ce qui était curieux, c'est que cela m'avait procuré un réel soulagement sur le plan des émotions. C'était comme si Madame Dubuisson avait vraiment été le centre d'intérêt, en ce qui me concernait, pendant tout mon séjour à La Grenadière. Je commençais à éprouver une réelle affection pour elle, surtout sur l'élan de ces sentiments que j'avais, en quelque sorte, machinalement exprimés. Quand le moment fut venu pour moi de partir, je serrai la main de tout le monde. Suzette me tendit la sienne, puis me fit un petit pinçon. Il me sembla que cette attention était peut-être plus que je n'en méritais. En tout cas, la scène avec Madame Dubuisson semblait marquer un léger progrès dans la bonne direction, lorsque j'y songeais à nouveau dans le train. Ce ne fut que vers Noël que je découvris enfin une carte postale représentant Buckingham Palace, qu'elle ne reçut peut-être jamais, car les Dubuisson devaient avoir depuis longtemps quitté La Grenadière.

4

L'interminable et lugubre étendue d'un après-midi de dimanche dans cette ville universitaire ne pouvait être atténuée qu'en allant prendre le thé chez Sillery, et n'importe qui pouvait s'y inviter après trois heures et demie. Une sorte d'équilibre naturel faisait qu'il y avait à ces réunions entre quatre et huit personnes, principalement des étudiants, mais il n'était pas impossible d'y rencontrer un professeur. Vers le milieu de mon premier trimestre, je fus présenté par Short, qui était au collège de Sillery en seconde année, un garçon paisible qui s'intéressait à la politique. Short m'expliqua que ces petites réunions chez Sillery jouaient depuis des années un rôle important dans la vie de l'université; les macarons rassis qui formaient un élément essentiel de ces goûters étaient devenus un lieu commun de l'humour académique, et il arrivait même à Sillery de faire allusion au caractère éternellement immangeable de ces fossiles, vestiges d'un âge oublié de la pâtisserie. Sillery rappelait alors à ses hôtes les remarques facétieuses ou fantasques faites au sujet de ses macarons par des générations d'étudiants qui étaient venus ici prendre le thé en des temps anciens. Il évoquait en particulier cette galaxie d'étudiants qui avaient plus tard occupé des positions éminentes, une catégorie qu'il tenait en haute estime.

Il traînait dans son collège vêtu de vêtements informes et chaussé de babouches, et sa chevelure d'un blanc de neige était plus longue que celle de la plupart de ses collègues; il pouvait ainsi prétendre à une apparence vénérable. Cependant sa moustache à la Buffalo Bill (qu'on avait jadis, rappelait-il en riant, comparée à celle de Nietzsche) était encore brune. De fait, il n'avait guère dépassé le milieu de la cinquantaine; simplement, il trouvait commode de s'abriter derrière cette façade de relative sénilité. Au début du siècle, il avait publié un livre, *City State and State of City*, qui avait obtenu un succès d'estime à une époque où les ouvrages popularisant les sciences politiques et les théories économiques commençaient à se vendre; mais il manquait d'ambition pour réussir comme auteur. Et un ou deux de ses étudiants se plaignaient même de ne pouvoir passer leurs examens qu'au niveau le plus bas, faute d'avoir reçu l'enseignement adéquat. Accusation probablement injuste, car Sillery n'était pas homme à se mettre dans son tort. En tout cas, le hasard l'avait placé dans une position si extraordinaire pour se livrer à son activité favorite, qui consistait à se mêler des affaires des autres, qu'il n'y avait que ceux incapables de comprendre l'étendue de ses possibilités dans sa sphère d'élection pour se plaindre de le voir exercer mollement ses fonctions et souhaiter qu'il en fût autrement.

Short s'efforça de m'expliquer tout cela avant ma première visite; il semblait éprouver un cas de conscience à propos de ce qu'il appelait le *snobisme* de Sillery. Il affirma qu'il était somme toute assez naturel que Sillery fût heureux de montrer qu'il comptait parmi ses amis et ses anciens étudiants beaucoup de gens qui avaient réussi; et j'en tombai d'accord. Cependant, Short ne souhaitait pas me voir pousser trop loin l'approbation dans ce domaine, et il insista sur le fait que « malgré tout » Sillery aurait été un « homme plus sérieux » – plus sérieux, en tout cas, sur le plan politique – s'il avait fait plus d'efforts pour atténuer, ou au moins dissimuler, sa tentation naturelle à admirer sans réserve la réussite sociale. Quant à Short, la politique le passionnait, alors qu'elle me laissait plutôt indifférent, et sa plus vive ambition était de devenir membre du Parlement. Comme beaucoup de jeunes gens à cette époque, c'était un libéral, mais comme le mouvement libéral était alors déchiré entre toutes sortes de schismes, j'ai oublié à quelle branche précisément il appartenait. C'était cet enthousiasme libéral qui l'avait d'abord rapproché de Sillery, qui était une relation de Asquith, et qui aimait bien ne pas perdre de vue un parti politique au seuil duquel il avait peut-être jadis pensé réussir. Short me révéla également que Sillery était un ardent propagandiste de la Société des Nations, de la Tchécoslovaquie, et de Mr. Gandhi, et qu'il avait été détourné d'un vieil enthousiasme gladstonien par le succès de la Révolution russe de 1917.

Short m'avait emmené deux ou trois fois chez Sillery avant que j'y aille de moi-même – presque contre mon gré – un dimanche après-midi. J'avais d'abord voulu voir en Sillery une sorte de variété supérieure de maître d'école – un Le Bas plus détendu et plus aimable – qui recevait les gens afin de mieux explorer leur caractère dans le but de les instruire avec davantage d'efficacité. C'était là une façon si simplette de considérer les réceptions de Sillery que cela en était trompeur; certainement, il voulait savoir ce que tous ces jeunes gens avaient dans le ventre, mais pas simplement en tant que variété supérieure de maître d'école. Sa compréhension de la nature humaine, rudimentaire, mais extrêmement utile, et une vivacité d'esprit peu commune, étaient mises au service d'une recherche incessante des étudiants qui pourraient lui être utiles; si bien qu'à partir de ce qu'il appelait « mon bief » – c'était son salon en désordre, meublé, faisait-il lui-même remarquer, comme une pension de famille – il lui arrivait d'exercer une influence relativement considérable sur le monde extérieur. Du moins était-ce ainsi que les choses devaient apparaître à Sillery, dans les domaines où s'activait son esprit.

Clay, par exemple, était le fils d'un consul au Levant. Par l'entremise de Clay, Sillery monta une opération qui causa de vifs désagréments, de peu d'importance certes mais extrêmement irritants, à un collègue qu'il détestait et qui, à l'époque, travaillait sur un site archéologique du

Proche-Orient. Lakin, personnage apparemment terne et peu sympathique, se révéla être par sa mère apparenté à un important dirigeant syndicaliste. Sillery finit par découvrir ce parent – découverte qui tenait du génie – qui lui permit de tirer quelques ficelles, d'une importance sans doute relative, pendant la grève générale de 1926. L'oncle de Rajagopalaswami, connu pour ses sentiments violemment antibritanniques, se trouvait en position de choisir le précepteur d'un des souverains locaux; ce fut le candidat de Sillery qui obtint le poste. La tante de Dwight Wideman exerçait une influence considérable sur les clubs féminins en Amérique : une campagne très réussie fut lancée pour interdire l'édition américaine d'un roman dont Sillery détestait l'auteur. Le frère de Flannigan-Fitzgerald était camérier du pape : l'annulation concernant Derwentwater passa comme une lettre à la poste. Voilà du moins ce que l'on racontait. Et l'on aurait pu ainsi continuer la liste indéfiniment. Tout le monde était pris dans le filet de Sillery, et il fallait vraiment qu'un étudiant fût du menu fretin pour ne pas y avoir sa place. Naturellement, les jeunes pairs et les riches héritiers n'étaient pas exclus; encore que ces spécimens – dont l'amitié était toujours recherchée – entraient généralement dans le cercle introduits par des intermédiaires plutôt que sur une invitation directe de Sillery, car ce dernier savait que dans une société qui montrait déjà des signes de mutation, il était essentiel de ne pas perdre de vue l'éventuel déplacement du centre du pouvoir. Bref, on prétendait que socialement il était plutôt à droite, tandis que politiquement, il virait de plus en plus à gauche.

Avec le temps, je découvris que les opinions variaient considérablement en ce qui concernait les résultats pratiques des combinaisons échafaudées par Sillery, et je viens simplement d'en donner l'image telle que la voyait Short. Pour lui, Sillery était une sorte de cardinal mystérieux et politicien du monde académique, et qui ne prenait jamais son thé sans avoir quelque intrigue en route, selon l'expression de Short. Il aurait constamment été en train de comploter derrière la tapisserie. Bien sûr, d'autres ne partageaient pas ce point de vue, certains prétendant même que la légende de Sillery reposait sur un kaléidoscope d'images floues, rassemblées dans le cerveau un peu dérangé de Sillery, qui se vantait de pouvoirs sans espèce de fondement, tandis que d'autres disaient que sans aucun doute Sillery connaissait énormément de monde et colportait pas mal de médisances, ce qui assurément justifiait cette réputation, au moins dans une certaine mesure.

Évidemment, Sillery avait ses ennemis, toujours désireux de dénigrer son œuvre en prétendant qu'il n'était qu'un bouffon; et il était sans doute vrai que Sillery avait tendance à exagérer le résultat de ses activités. En somme, la position de Sillery était largement affaire d'opinion; mais il ne fait aucun doute qu'il joua un rôle important dans la carrière de Stringham à l'université.

Stringham aurait dû arriver à l'université en même temps que moi, mais il fit une chute de cheval un jour ou deux avant le jour prévu pour son retour en Angleterre, et cela lui valut plusieurs mois de lit. Il n'arriva donc au collège qu'à l'été et le prit immédiatement en grippe. Il fut presque impossible de lui faire fréquenter les autres étudiants, sauf un ou deux qu'il avait connus à l'école, et il passa des heures assis dans sa chambre à lire des romans policiers en se plaignant de s'ennuyer. Sa mère lui avait offert une petite automobile et il allait parfois se promener dans la campagne, regardant les églises et visitant les pubs.

En fin de compte, il s'était beaucoup plu au Kenya. Je lui racontai l'aventure de Peter Templer et de Gwen McReith – anecdote qui me semblait de la dernière importance – mais il me dit : « Bah, ça n'a rien d'extraordinaire », et il me raconta un événement du même ordre : après une soirée, il avait passé la nuit avec la femme divorcée d'un planteur de café de Nairobi. Malgré Madame Dubuisson, je me fis l'effet d'un béjaune. Je lui parlai de Suzette, mais je ne fis pas allusion à Jean Templer.

« Rien d'extraordinaire, répéta Stringham. Simplement, il ne faut pas perdre la tête. »

Il s'intéressa bien davantage à ce que je lui racontai au sujet de Widmerpool, et il rit de bon cœur quand je lui décrivis l'épouvante éprouvée par Widmerpool en apprenant la vérité de l'arrestation de Le Bas. La querelle des deux Scandinaves le frappa surtout par la bizarrerie de ce court de tennis où s'était jouée la partie. Cela m'étonna, car c'était le genre d'histoire qui aurait dû lui plaire. Mais il avait un peu changé depuis plus d'un an que nous ne nous étions pas revus; et bien que les classifications artificielles de l'école fussent désormais bien loin, je sentis soudain que les quelques mois qui nous séparaient faisaient en fait une différence considérable. Il y avait aussi la question de l'argent – peut-être à la suite des propos de Widmerpool sur ce sujet –, entité mystérieuse, dont nous avions tous tellement entendu parler sans bien saisir davantage que cette notion élémentaire : il était très souhaitable d'en avoir et très embêtant d'en manquer. Nous en avions entendu parler, certes, mais sans comprendre que sa possession fait partie d'un personnage, aussi bien que le nez au milieu de sa figure. Même les contorsions éternelles de l'oncle Giles devant l'autel du fidéicommis, vues sous cet angle, me semblaient moins grotesques qu'auparavant; je comprenais enfin avec une grande clarté que cent quatre-vingts livres par an valaient bien les peines d'une négociation interminable et serrée. Stringham ne semblait pas en fait tellement plus riche que les autres étudiants de son espèce et comme il était très dépensier, il était généralement fauché, mais de son milieu familial flottaient quelquefois jusqu'ici les effluves entêtants de l'or, dont le parfum, même à un âge si tendre, grisait parfois des relations fortuites, dont la fidélité inattendue et la bonne humeur inébranlable venaient me rappeler les paroles de Widmerpool, prétendant que la mère de Stringham était immensément riche.

Peter Templer, je l'ai dit, écrivait rarement, si bien que nous avions un peu perdu le contact avec lui. Livré à lui-même, il était à craindre que, selon l'expression de Stringham, il ne retombât dans sa barbarie naturelle. Stringham parlait souvent de lui et il évoquait presque avec nostalgie les aventures qu'ils avaient connues à l'école; il semblait déjà vivre dans le passé. Une métamorphose interne était certainement à l'origine de la neurasthénie de Stringham, car ses attaques de tristesse, compensées il est vrai par des sursauts de bonne humeur, méritaient ce nom. Mais jamais il ne se fit à la vie qui l'entourait.

« Les bâtiments sont beaux, répétait-il volontiers, mais pas les étudiants. »

– Et comment voudrais-tu que soient des étudiants?

– Je voudrais qu'ils élèvent des bouledogues et qu'ils boivent des fines à l'eau. Tels qu'ils sont, ils ne me plaisent pas.

– Cette espèce me semble encore pire.

– De toute façon, que peut-on bien faire ici? Je pense sérieusement à m'engager dans la Légion étrangère ou dans la Police montée canadienne – là où le service est le moins long.

– C'est le climat.

– Quand on boit, on se sent très mal, et encore pire à jeun. Je savais bien qu'il ne fallait pas se fier à l'image que Buster donnait de la bonne vieille université. Il n'y a d'ailleurs jamais mis les pieds.

– Comment va-t-il?

– Il essaie de persuader ma mère de louer Glimber à un Arménien, répondit Stringham, avec un peu plus de sérieux dans la voix. Tu sais, Tuffy n'était pas du tout pour que je vienne ici.

– Qu'est-ce que ça peut bien lui faire?

– Elle me porte beaucoup d'amitié, dit Stringham en riant. Et elle a été très gentille pendant mon séjour au Kenya. Elle m'envoyait des livres, elle m'écrivait tous les potins, enfin ce genre de choses. On apprécie beaucoup cela dans ces espaces infinis. Ce n'est pas une mauvaise fille. Il y en a de bien pires.

Il était toujours un peu sur la défensive lorsqu'il était question de Miss Weedon. J'avais commencé à comprendre que chez lui, sa vie était soumise à des forces extérieures telles que la désapprobation de Buster, ou les attentions de Miss Weedon : cela amenait un élément de surprise et de discorde dans sa vie familiale, qui l'amusait. Il continua :

– Il a été question que je reste ici seulement deux ans avant d'aller dans un régiment de la Garde à pied. Tu sais qu'on peut maintenant entrer dans l'armée en sortant de l'université. En fait, c'est une idée de ma mère.

– Et qu'en pense Miss Weedon?

– Elle trouve que venir s'amuser à Londres serait une excellente idée. Je serais assez de son avis. On a également parlé de la Garde à cheval. On prétend – sans doute à juste titre – que l'on ne s'embête pas chez les cuirassiers.

– Et l'opinion de Buster?

– Il voudrait que je reste ici le plus longtemps possible – quatre ans, et puis un doctorat, la recherche, n'importe quoi dans la mesure où je serais loin – maintenant que j'ai brisé son rêve en ne m'installant pas au Kenya.

C'est après une de ces conversations où il s'était plaint de la monotonie de son existence que je suggérai une visite chez Sillery.

« C'est qui ça, Sillery? »

Je répétai le portrait de Sillery par Short, en y ajoutant quelques détails de ma façon.

« Ah oui, je me souviens maintenant. Bah, il faut tout essayer au moins une fois. »

Il se trouva que ce jour-là, nous arrivâmes les premiers. Sillery, qui venait juste d'écrire toute une série de lettres, dont celle du haut, je ne pus m'empêcher de le voir, était adressée à un ministre du Cabinet, fut visiblement ravi de voir Stringham chez lui, et son nom lui évoqua immédiatement quelque chose.

« Comment va votre mère? demanda-t-il. Savez-vous que je ne l'ai pas vue depuis le vernissage de la Royal Academy en 1914? Si, nous avons dû nous rencontrer ensuite à une soirée donnée par Mrs. Hwfa Williams, si ma mémoire est bonne.

Il poursuivit par un flot de questions et Stringham, qui était venu sans grand enthousiasme, sembla pour une fois interloqué par la connaissance que Sillery semblait avoir de sa famille.

« Et votre père? » continua Sillery, souriant comme malgré lui derrière son énorme moustache.

« Eh bien, ça va. »

« Vous êtes resté avec lui au Kenya? »

« Pendant quelques mois. »

« Le climat lui convient? »

« Je pense que oui. »

« L'altitude ne vaut rien pour la tension, mais votre père est exceptionnellement robuste malgré sa constitution délicate. Et souffre-t-il toujours de cet éclat d'obus? »

« Quand le temps est à l'orage. »

« Il lui faut s'en méfier, ajouta Sillery, ou bien il se retrouvera allongé sur le dos pour un bout de temps, comme après son accident de Cresta. A-t-il rencontré Dicky Umfraville? »

« Ils se voient souvent. »

« Parfait, parfait. Mais il faut s'en méfier également. Bon, il faut que je m'occupe de mes hôtes, au lieu de parler uniquement des vieux amis. »

J'avais l'impression que Sillery considérait le père de Stringham comme une valeur en baisse, en ce qui concerne les affaires. Il ne dit rien de Buster, mais il me semblait beaucoup plus intéressé par le ménage de Mrs. Foxe que par son ancien mari. Déjà la pièce se remplissait, et Sillery présentait les nouveaux arrivants entre eux et à Stringham et à moi. Il y avait un Finlandais triste, qui devait s'appeler quelque chose comme Vaalkiipaa; Honthorst, un Américain qui avait une bourse Rhodes et dont le père et la mère appartenaient à des familles de millionnaires; un étudiant de Sillery, un petit jeune homme nerveux qui ne dit pas un mot, que tout le monde appelait Paul, et dont le nom m'échappa; et Mark Members, qui jouissait d'une certaine réputation parmi nous autres étudiants de première année, car on avait publié un poème de lui dans *Public School Verse*, et Edmund Gosse lui avait consacré une critique favorable. Jusqu'à cet après-midi, j'avais seulement croisé Members comme il se hâtait le long des rues, rejetant de son visage un peu blafard une frange brune irrégulière qui lui tombait sur le front et le faisait ressembler à une poupée de chiffon, ou à une marionnette, impression encore accentuée par des petits yeux marron en boutons de bottine, et une abondance de taches de rousseur. Il portait une grosse cravate de tricot sur un col déboutonné, et j'admirai cette désinvolture – j'étais un peu guindé – qui s'exprimait dans ce que je considérais comme une excentricité vestimentaire. Il semblait connaître Sillery depuis toujours, et l'appelait « Sillers », familiarité à laquelle je ne me serais pas risqué, alors que j'étais déjà plusieurs fois venu prendre le thé. La chevelure de Honthorst, l'Américain, était presque aussi hirsute que celle de Members, et elle formait sur le dessus de sa tête une sorte de huppe comme un casoar; aspect ornithologique encore accentué par un long cou nu qui jaillissait d'un col très échancré. Honthorst semblait être un brave garçon à la mine un peu ahurie, et il était difficile de trouver quoi lui dire. Waalkiipaa était plus âgé que les autres étudiants présents. Il avait un visage rond et jaunâtre aux pommettes hautes et, tout en s'efforçant de se montrer aimable, il ne comprenait absolument pas pourquoi il lui était interdit de parler de son travail, sujet absolument tabou chez Sillery.

La conversation s'était principalement établie entre Sillery et Members, avec ces longs silences embarrassés qui caractérisent les goûters. Au cours d'un de ces calmes plats, Sillery, qui se promenait dans la pièce avec son assiette de macarons, fit remarquer : « Il y a un nouveau du nom de Quiggin qui a dit qu'il serait ravi de venir prendre le thé chez moi cet après-midi. Il vient d'une famille modeste et je crois que cela le gêne un peu : j'espère que vous vous montrerez compréhensifs. Il est dans un des plus petits collèges, j'ai oublié lequel, et il a ramassé toute une collection de bourses et de récompenses diverses ce qui, je pense que vous serez tous de mon avis, prêche beaucoup en sa faveur. »

Ce rapide portrait était typique de la manière qu'avait Sillery de présenter d'avance son futur invité : véridique, dans ses limites, mais ne révélant en fait rien d'important sur le vrai Quiggin ; et expliquant encore moins pourquoi il avait été invité. D'ailleurs, à l'époque, je n'avais pas encore compris qu'il y avait toujours un motif derrière les invitations de Sillery, même si c'était simplement de permettre une enquête préliminaire, et les choses en resteraient là.

Personne, naturellement, ne fit le moindre commentaire après cette sortie sur Quiggin, parce qu'en fait il n'y avait rien à dire. L'allusion aux bourses lança Vaalkiipaa sur le problème des difficultés qu'il éprouvait à tirer quelque chose des cours auxquels il assistait ; quant à Honthorst, il semblait presque éprouver la même avidité pour traiter des problèmes d'éducation avec sérieux, et il se lança sur le sujet des lacunes qu'il avait remarquées dans la bibliothèque du collège et ce qu'il considérait comme un système de classement démodé. Honthorst persistait à appeler Sillery *sir* malgré la prière répétée de ce dernier pour le voir abandonner ce solécisme. Sillery manœuvra habilement pour échapper à cette attaque combinée américano-finlandaise, en lançant la conversation sur la Nouvelle-Angleterre par le biais d'un récit de chasse dans le Maine – mais en même temps il s'efforçait d'extraire de Vaalkiipaa quelques détails apparemment désagréables sur l'hostilité finlandaise à la Suède. C'est alors que Quiggin arriva : il révéla sa présence en ouvrant si violemment la porte en grand qu'elle alla frapper contre une bibliothèque, et qu'il renversa ainsi la photographie encadrée d'argent de trois jeunes gens en haut-de-forme, et qui se tenaient par le bras.

« Mais entrez donc, dit Sillery, en ramassant la photo pour la remettre à sa place, entrez donc, Quiggin. Ne soyez pas timide. On ne va pas vous manger. Ici, c'est Liberty Hall : vous êtes ici chez vous. Mais laissez-moi vous présenter à certains de mes jeunes amis. Voici Mr. Cheston Honthorst, qui nous arrive d'Amérique pour être membre de mon collège; et voici Mr. Jenkins, qui étudie l'histoire tout comme vous; et Mr. Stringham, qui a été au Kenya, mais dont la résidence officielle est le magnifique château de Glimber; et Mr. Vaalkiipaa – nom difficile à prononcer, mais nous nous y ferons vite et nous nous demanderons comment nous avons bien pu le trouver difficile – et voici Paul, vous l'avez sans doute rencontré aux cours de Brightman, car il prétend y assister également avec fidélité; j'allais oublier Mr. Mark Members, dont le nom vous est probablement familier si vous vous intéressez à la poésie moderne – et je suis sûr que c'est le cas –, eh bien, faites-lui donc une place sur ce canapé,

Mark, que Quiggin puisse s'asseoir à côté de vous. »

A première vue, Quiggin semblait exactement conforme à la description faite par Sillery. Il semblait plus âgé que nous tous, davantage même que Vaalkiipaa. Bas sur pattes, déjà un peu chauve, avec un front immense qui lui donnait le profil d'un professeur de bande dessinée. Il avait le cou pris dans un col amidonné douteux, et son pantalon était retenu par une ceinture qu'il était tout le temps en train de rajuster. Pour la première fois depuis mon arrivée à l'université, j'avais l'impression de voir enfin sa partie immergée, dont je m'étais parfois dit qu'elle avait peut-être plus à offrir que le cercle des étudiants que je fréquentais. Il était visible que Mark Members éprouvait également en présence de Quiggin l'impression de quelque chose d'inhabituel – encore que sa réaction fût hostile; il ôta ses jambes, car il était auparavant allongé sur le canapé, et ramena ses genoux sous son menton, avec ses bras autour comme dans le tableau (il y en avait une reproduction dans la chambre d'enfants d'une maison meublée que nous avions habitée à Colchester) intitulé *L'Enfance de Sir Walter Raleigh*; et il jeta à Quiggin un coup d'œil inquiet.

« J'ai mis un temps fou à trouver où c'était », dit Quiggin.

Il s'était assis sur le canapé et d'une petite voix sèche avec un accent du Nord, il s'adressait à Members. Il ne semblait pas particulièrement impressionné par l'assistance ni par les phrases à l'emporte-pièce de Sillery, et qui étaient sans doute destinées à le mettre à son aise. Il poursuivit : « C'est difficile quand on est nouveau. J'ai un peu mal là, dit-il en désignant son oreille gauche d'où sortait un tampon de coton jaunâtre, si bien que j'aurai peut-être du mal à comprendre ce que vous direz. »

Members esquissa un très pâle sourire, et il essaya d'attirer l'attention de Sillery, mais Sillery, qui ne voulait pas que son attention fût attirée par Members, dit : « La première année, c'est toujours une grande période de découvertes – et de découverte de soi-même également. Qu'en dites-vous, Vaalkiipaa? Vous y retrouvez-vous déjà? »

« Je fais des progrès », répondit Vaalkiipaa, impassible; peut-être ne savait-il pas trop si la question de Sillery portait sur la découverte au sens topographique du terme, ou s'il s'agissait de cette introspection plus intime à laquelle il avait fait allusion. Il y eut un silence, puis Members laissa tomber, un peu au hasard : « Sillers, c'est extraordinaire d'avoir acheté un costume de la couleur de vos housses. »

Quiggin était assis l'air crispé tout au bord du canapé, et il jetait autour de lui des coups d'œil furtifs, comme un petit animal féroce pris au piège par des naturalistes. Il avait accepté un des macarons que Sillery lui tendait, et ce macaron occupa son attention un certain temps. Honthorst dit : « On prétend que les perspectives pour l'équipe d'aviron du collège sont excellentes, Professeur Sillery. »

« Bonnes, répondit Sillery, avec un petit geste modeste dans notre direction, comme pour suggérer qu'il se sentait indigne d'un titre aussi ronflant, – bonnes, très bonnes. »

Il avait dit cela très sérieusement, mais sans vouloir s'engager sur ce sujet aquatique. Il était évident que pour le moment, c'était surtout Quiggin qui l'intéressait. Il devait penser que Stringham était déjà en son pouvoir, car s'il lui souriait aimablement de temps en temps, il n'essayait pas d'établir le dialogue avec lui. Quiggin finit son macaron sous l'œil attentif de Sillery, puis il ramassa soigneusement les miettes qui étaient tombées sur son pantalon et autour de lui sur le tapis et les jeta dans la grille de la cheminée. Quiggin venait juste de ramasser sa dernière miette quand Members se leva soudain du canapé, dans un bond surprenant, pour aller s'allonger presque de tout son long devant la cheminée, abandonnant sa position du Raleigh enfant, pour adopter celle du Gladiateur mourant. Sillery, qui lui tournait le dos, sursauta : « Cela ne vous dérange pas, Sillers ? demanda Members ; j'adore m'allonger par terre. »

« J'aime que mes hôtes se sentent chez eux, Mark », répondit Sillery en retrouvant immédiatement son aplomb, et en pinçant pour rire la nuque de Members entre son pouce et son index, ce qui fit que l'autre courba le dos en hurlant comme un putois.

« Et vous, Quiggin, tout va comme vous voulez ? » demanda Sillery.

Quiggin secoua négativement la tête devant les macarons qu'on lui tendait de nouveau, et prenant apparemment la question dans un sens plus général que de savoir s'il voulait ou non une autre tasse de thé, ou s'il était bien assis sur ce canapé, il répondit : « Eh bien, non. »

Sillery parut ravi de cette réponse.

« Ça ne va pas comme vous voulez ? » demanda-t-il, comme s'il n'en croyait pas ses oreilles.

« Je semble ne jamais avoir la paix pour travailler tranquillement, dit Quiggin. Il y a toujours quelqu'un pour venir me déranger. »

Rayonnant, Sillery fit le tour de la pièce avec son assiette, sans plus de succès. Quiggin, comme si un barrage s'était ouvert en lui, déversa le flot de son exaspération. « La seule chose qui semble intéresser les gens ici, ce sont les sports, les sociétés, les clubs, ou bien passer la nuit à boire. Je pensais qu'on allait à l'université pour étudier, et non pas pour biberonner et pérorer tout le temps. »

« Très bien, Quiggin, très bien, dit Sillery. Vous découvrirez que nous sommes tous lamentablement au-dessous de vos normes ambitieuses – nées sans doute d'une tradition plus austère. »

Il sourit en se frottant les mains, au comble du ravissement. On aurait même dit qu'il attendait de la part de Quiggin une sortie de ce genre; quant à Quiggin, il semblait avoir déjà fait ce même numéro en d'autres circonstances.

« Quel personnage extraordinaire », murmura Members, remarque que je fus probablement le seul à entendre, car le fauteuil extrêmement bas où j'étais assis mettait mon oreille presque au niveau de la bouche de Members, qui s'appuyait d'un coude sur le plancher. » Sillery demanda :

« Qu'en pensez-vous, Mark? Trouvez-vous également que nous sommes tous incurablement frivoles? »

« Mon cher Sillers, commença Members, mais Sillery l'interrompit aussitôt pour ajouter : « Je me disais que vous seriez peut-être de l'avis de Quiggin, puisque vous êtes voisins, Mark. »

Après avoir dit cela, Sillery prit un peu de recul, comme pour apprécier l'effet produit par ses paroles, avec toujours son assiette de macarons à la main. Si son intention avait bien été de semer le désarroi dans le cœur de ses hôtes, il devait être au comble de ses vœux en ce qui concerne Quiggin et Members. Members, parfaitement décontenancé, était devenu tout rouge; Quiggin avait l'air encore plus revêche qu'auparavant, mais il ne changea pas de couleur. « Il me semblait bien que vous l'ignoriez tous les deux, ajouta Sillery, mais vous habitez *pratiquement* la même rue. »

Il hocha la tête à plusieurs reprises, puis changea de sujet; ou plus exactement le modifia, en me demandant si j'avais lu *Jude the Obscure*. Je compris, sans pour autant savoir où Sillery voulait en venir, qu'en révélant devant tout le monde que Members et Quiggin habitaient le même coin pendant les vacances, il avait l'intention de les mettre tous les deux au pas; et je ne les connaissais d'ailleurs pas encore suffisamment pour savoir que chacun d'entre eux préférait qu'on n'apprît les détails concernant sa vie familiale qu'à travers ce qu'il choisirait de révéler parcimonieusement.

Sillery abandonna le sujet aussitôt après cette

démonstration de force, si bien que ses hôtes continuèrent à ignorer même le nom de la ville qu'habitaient Members et Quiggin. L'Américain et le Finlandais se retirèrent peu après, sous prétexte qu'ils avaient du travail à faire, et malgré les protestations de Sillery selon qui il était absolument impossible de travailler un dimanche soir. Comme ils s'en allaient, on entendit un autre visiteur gravir l'escalier. Il avait dû se pousser pour les laisser passer, car un moment plus tard, il dit, d'une voix sonore et musicale, comme celle d'un acteur ou d'un brillant causeur après le dîner, et cela comme il franchissait la porte : « Comment allez-vous, Sillers? J'espérais bien vous trouver chez vous. »

Je reconnus dans ce nouveau venu Bill Truscott, qui avait quitté l'université deux ou trois ans auparavant. Je ne lui avais jamais été présenté, mais je l'avais déjà vu et je le connaissais bien de nom, car c'était une de ces personnes qui, dès leur jeunesse, semblent destinées à faire de grandes choses; et qui demeurent longtemps dans la légende de leur école ou de leur université, bien après leur départ, parfois bien après qu'eut disparu, aux yeux du monde en général, tout espoir de voir se réaliser ces promesses. On savait Sillery très attaché à Bill Truscott, encore qu'il fût difficile de dire dans quelle mesure il croyait vraiment à un brillant avenir pour Bill Truscott. Bien sûr, en apparence, personne n'en était plus convaincu, et dans une certaine mesure, on pouvait voir en Truscott le spécimen disponible le plus caractéristique du genre d'amis qu'aimait avoir Sillery. C'est-à-dire qu'il était non seulement brillant et ambitieux, mais qu'en plus il était très à son aise pour un célibataire (et il ne semblait pas songer à changer de situation) car son père, un spécialiste de Harley Street, mort récemment, lui avait laissé un capital respectable. Il avait passé ses examens avec mention, mais de justesse, prétendait-on et, puisque ces diplômes constituaient une bonne partie de ses espérances, le fait qu'il n'eût obtenu cette mention que de peu était pour certains un mauvais présage. Le problème néanmoins semblait être comment utiliser ces brillantes qualités. Prétendre qu'il n'arrivait pas à décider s'il voulait, le moment venu, devenir Premier ministre, ou bien un grand poète, peut paraître exagéré, encore que Short eût présenté de cette façon le dilemme qui se posait à Truscott, mais en général il était suffisamment estimé à l'université, par ceux qui avaient entendu parler de lui, pour constituer un personnage fascinant, voire inquiétant.

Après s'être assis à côté de Sillery, Truscott parla à peine; mais en même temps son sourire amusé agissait comme une sorte de charme sur l'assemblée, si bien qu'il aurait été impossible de l'accuser de se montrer hautain. Il était grand, brun, avec des traits réguliers, un peu ratatinés peut-être, et l'air le plus assuré du monde. Ses vêtements, ses cheveux, son visage aussi, semblaient émettre une sorte de rayonnement, une impression de prospérité, un peu comme chez Monsieur Lundquist. Il grisonnait déjà, ce qui ajoutait à sa distinction, en lui évitant d'avoir l'air trop jeune et novice. Je lui adressai une remarque qu'il accueillit simplement en plissant les yeux : la prochaine fois que je parlerais, il faudrait que je trouve quelque chose de moins banal à dire; mais son sourire m'absolvait du moindre blâme pour n'avoir pas atteint les sommets auxquels il était visiblement habitué. Et je ne me sentis nullement offensé : au contraire, l'attitude de Truscott semblait un encouragement à tous pour s'efforcer de mériter son estime, bien que, et c'était peut-être ce qui leur plaisait, il n'eût visiblement pas l'intention d'offrir quelque chose en échange.

Si l'entrée de Bill Truscott dans la pièce avait produit une assez forte impression sur moi, principalement à cause du tableau éblouissant que m'avait dressé Short de son charme et de son intelligence, les autres invités semblaient encore plus attentifs à sa présence. Members se leva discrètement pour aller s'asseoir sur une chaise et Quiggin, dont une jambe de pantalon tirebouchonnait pour révéler un caleçon long taillé dans une sorte de flanelle grise hirsute, la tira sur sa chaussette noire, et s'assit très droit sur le canapé. Tout comme Members, il avait compris que cette arrivée permettrait que Sillery en restât là en ce qui concernait la proximité de leurs demeures, pour parler de choses plus intéressantes. Il apparut que Stringham connaissait déjà Truscott. « Salut, Bill », dit-il, et pendant une minute ou deux ils parlèrent d'une soirée à Londres où ils s'étaient rencontrés un mois ou deux auparavant.

« Bill, il faut que vous nous parliez du monde civilisé, dit Sillery, en se perchant sur le bras du fauteuil de Truscott et en le prenant par l'épaule. Et quand je pense que les maîtresses de maison vous laissent ainsi filer pour que vous veniez nous faire une petite visite ici. »

Sillery murmura cela entre ses dents, si bien qu'il était difficile de savoir s'il fallait y voir un compliment, une interrogation, voire même une critique, Truscott choisissant de perdre son temps avec des professeurs et des étudiants à ce moment de la saison de Londres, et alors qu'il avait encore une carrière à se faire. Truscott prit visiblement cela comme un hommage à sa popularité, et il rejeta la tête en arrière dans un joyeux éclat de rire, comme pour exprimer la joie qu'il éprouvait d'avoir, même momentanément, échappé aux griffes de ces hôtesses terrifiantes évoquées par Sillery; mais il comprit sans doute qu'on n'en attendait pas moins de lui une explication prouvant qu'il n'était pas revenu à l'université faute d'avoir mieux à faire, hypothèse inquiétante.

– En fait, je suis venu pour affaires, Sillers, dit Truscott.

– Ah, vraiment?

– Je ne vois pas de raison de ne pas mener de front les affaires et les plaisirs, Sillers. Vous savez que les plaisirs avant les affaires, cela a toujours été ma devise.

– Les plaisirs, cela peut devenir tellement épuisant, dit Members, en faisant à Truscott un sourire engageant, le visage tendu vers lui.

Il semblait cependant ne pas trop savoir, à part ce sourire, comment séduire quelqu'un de l'importance de Truscott; mais il était bien décidé à faire impression sur lui avant que l'occasion ne s'envole. Truscott, quant à lui, observait Members attentivement : il sembla en conclure que, tout en n'ayant rien apparemment à offrir qui fût à son goût, il existait peut-être des éléments à ne pas négliger sur le plan intellectuel. Sillery contemplait la confrontation avec un intérêt évident.

« Vous avez sans doute lu *Iron Aspidistra*, Bill », dit-il.

Truscott acquiesça, mais sans grande conviction.

« C'est le poème de Mark, précisa Sillery, et il a reçu un accueil très favorable. »

« Toujours entouré d'un cercle de brillants jeunes gens, Sillers, dit Truscott, avec son même rire. A la vérité, Sillers, je suis moi aussi venu voir un jeune homme. »

Sillery étouffa un petit rire, et tendit l'oreille. Truscott allongea nonchalamment les jambes. Il y eut un silence, et un rire discret dans l'assemblée. Truscott jeta autour de lui un regard malicieux.

« Enfin, c'est pour mon patron. »

Il rit de ce qui devait être à ses yeux une excellente plaisanterie. Quiggin, qui n'avait rien dit jusque-là, prit brusquement la parole, de sa voix râpeuse : « Et qui est ce patron? »

Je ne pus m'empêcher d'admirer l'air détaché avec lequel Truscott se tourna lentement vers Quiggin, et laissa tomber, sans donner l'impression d'avoir remarqué le ton agressif de Quiggin : « Un certain Sir Magnus Donners. »

« Le parlementaire? »

« Je crains bien que, pour le moment, on ne puisse le décrire ainsi. »

« Mais vous travaillez pour lui ? » insista Quiggin.

« Sir Magnus a la bonté de me rémunérer comme si je travaillais pour lui, répondit Truscott. Mais vous savez, en fait, je ne voudrais pas donner à penser que je me livre pour son bénéfice à d'extraordinaires efforts. C'est en tout cas le plus bienveillant des maîtres. »

Il regarda Quiggin en haussant les sourcils, apparemment amusé par son air provocant. Comme Truscott n'avait pas assisté à l'arrivée de Quiggin et n'avait pas été témoin de son comportement au début du goûter, je me dis qu'il devait le trouver moins bizarre que nous ne le pensions ; l'idée qu'il fourrait peut-être dans le même sac toutes les opinions exprimées par des étudiants, en y voyant une substance encore informe dont il convenait de ne pas trop se mêler, ne me vint à l'esprit que plusieurs années plus tard, quand j'eus moi-même quitté l'université. Sillery dit : « Il me semble que " votre maître ", comme vous dites, n'aurait aucune difficulté à retourner à la Chambre des Communes, à l'occasion d'une élection partielle, n'est-ce pas, Bill ?

– L'industrie l'occupe tellement ces temps-ci, répondit Truscott, et puis il faut bien admettre qu'un talent comme le sien est un peu gaspillé à la Chambre.

– Ne va-t-il pas obtenir une pairie ? demanda Stringham, de façon inattendue.

Truscott sourit.

– C'est toujours une possibilité, répondit-il, et Sillery eut un large sourire, se frotta vigoureusement les mains, et acquiesça plusieurs fois de suite.

– Il est scandaleux de voir une entreprise comme la sienne entre les mains d'un seul homme, dit Quiggin en insistant sur son accent du nord, et en prenant un ton comme s'il allait commencer un sermon ou un discours.

– Ah, vous croyez? demanda Truscott. Bien sûr, il y a des gens qui sont de cet avis. Quant à Sir Magnus, il a des idées très progressistes, vous savez.

– Je crois que vous seriez surpris, Quiggin, si vous rencontriez Sir Magnus, dit Sillery. Il m'a parfois surpris moi-même.

Il semblait que Quiggin ne souhaitât rien davantage qu'une occasion de rencontrer Sir Magnus; mais Sillery, qui craignait sans doute que la conversation ne s'éloignât des considérations pratiques – les offres d'emplois par exemple – pour se perdre dans une de ces discussions nébuleuses sur le bien et le mal en matière d'économie – cela l'intéressait d'ordinaire mais cela ne lui semblait visiblement pas être lc moment –, revint au point de départ avec la déclaration de Truscott : « Et ainsi, Sir Magnus cherche un homme? »

Mais Truscott ne voulait pas en dire davantage pour le moment. Peut-être pensait-il même en avoir trop dit. Sur un ton nettement moins frivole, il dit : « Je vous en parlerai plus tard, Sillers. »

Sillery acquiesça. Lui aussi préférait probablement apprendre les détails en privé. Cependant, il considérait visiblement l'acquisition d'informations complémentaires sur ce sujet comme de la plus grande importance, car une minute ou deux après son impatience l'emporta et il se leva soudain du bras du fauteuil où Truscott était assis et il dit : « Bill et moi nous sommes de très vieux amis et nous ne nous sommes pas vus depuis bien longtemps, aussi vais-je vous chasser tous autant que vous êtes sous la pluie et dans le vent, pour pouvoir bavarder tranquillement avec Bill de sujets qui ne pourraient que vous ennuyer. »

Il nous regardait la tête un peu de côté. Members et Quiggin n'avaient pas l'air d'être très contents de cette déclaration, persuadés sans doute que cette conversation ne les aurait pas ennuyés. Members essaya bien de formuler une vague protestation : « Mais, Sillers, ce n'est vraiment pas chic de votre part, car vous m'aviez promis que vous me montreriez cette lettre de Gerard Manley Hopkins quand je viendrais vous voir. »

« Et puis je voulais vous emprunter les *Fabian Essays,* si ça ne vous dérange pas », dit Quiggin, l'air maussade.

« Eh bien, ce sera pour une autre fois, Mark, pour une autre fois, répondit Sillery. Vous trouverez votre livre sur ce rayon, Quiggin, avec les autres Webb. Prenez-en grand soin, car c'est une édition originale dédicacée. »

Sillery ne manifesta aucune émotion, il semblait même plutôt flatté, devant les efforts de Members et de Quiggin pour rester et se faire mieux connaître de Truscott; mais il était tout à fait décidé à ne pas les avoir entre lui et les détails concernant les raisons pour lesquelles Sir Magnus Donners voulait un jeune homme; et par-dessus le marché, quel genre de jeune homme Sir Magnus Donners voulait. Il eut un geste de la main, comme s'il chassait des poulets devant lui dans une cour de ferme, tout en faisant remarquer à Stringham : « Il faudra revenir me voir bientôt. Il y a des choses qui nous concernent dont je voudrais discuter avec vous. »

Il se retourna vite pour empêcher Quiggin de lui emporter trop de livres, et en même temps pour dire quelque chose à cet étudiant déprimé du nom de Paul. Stringham et moi nous descendîmes l'escalier suivis de Mark Members qui, n'ayant pas réussi à prolonger sa visite chez Sillery, semblait maintenant surtout vouloir se sauver sans se voir infliger la compagnie de Quiggin. Nous quittâmes tous les trois le collège par une porte voûtée qui donnait sur la rue. Il avait plu pendant que nous prenions le thé, mais les trottoirs étaient maintenant en train de sécher sous un ciel cotonneux.

« Nous avons vraiment eu un temps à la Monet depuis quelques jours, dit Members comme pour lui-même. Il faut que je me sauve, car je dois voir un ami. »

Il disparut dans une rue de traverse, sa cravate jaune flottant sur l'épaule, les mains enfoncées dans les poches et les coudes au corps.

« Il ment sûrement, dit Stringham, il ne doit pas avoir un seul ami.

– Que voulait Truscott?

– C'est un familier de ma mère, plutôt, dit

Stringham. On prétend qu'il est extrêmement brillant. C'est un garçon très lancé, c'est sûr.

– Et Sir Magnus Donners?

– Il était au gouvernement pendant la guerre.

– Et ensuite?

– Il essaie toujours d'être dans les bonnes grâces de ma mère, lui aussi.

J'avais l'impression que Stringham s'intéressait également à Bill Truscott, qui manifestement suggérait l'existence d'un monde fascinant dont pour le moment nous nous trouvions exclus. Nous déambulions le long des rues vides en direction du collège de Stringham. Il faisait humide et lourd. En haut de l'escalier, nous entendîmes un bruit de voix venant du salon. Stringham s'arrêta à la porte. « Quelqu'un est entré, dit-il. J'espère que ce n'est pas encore ce type du Boys'Club. »

Il resta un moment à écouter, puis il ouvrit la porte. Il régnait une impression générale de costumes de flanelle gris très clair et de cravates à rayures, qui se concrétisa pour former trois personnages assis à fumer, et dont l'un n'était autre que Peter Templer.

« Peter. »

« Bob Duport et Jimmy Brent, dit Peter en montrant les deux autres d'un signe de tête. Nous avons eu l'idée de passer te voir, pour savoir où en était ton éducation. »

Il avait l'air en pleine forme : peut-être un peu plus empâté que la dernière fois que je l'avais vu; et, ayant enfin atteint l'âge auquel le destinait la nature, il perdait cette allure de collégien déguisé en adulte. J'aurais pu n'importe où identifier

Duport et Brent comme des relations de Peter. Ils avaient cet air de mijoter un mauvais coup qui caractérisait également Peter. Ils étaient tous les deux légèrement plus âgés que lui; et je me rappelais vaguement une histoire d'accident de voiture auquel avait été mêlé Duport, et qui était restée célèbre pour une raison ou une autre. Cela s'était passé peu après son départ de l'école, pendant ma première année. Il avait un peu la même allure que Peter, mince, grand, d'un blond roux, habillé dans le même genre classique, mais en moins bien réussi. Brent était grand et gros, avec des lunettes rondes dont les verres semblaient anormalement petits. Il apparut que c'étaient des relations d'affaires, et qu'ils travaillaient dans la Cité. Ils acceptèrent un doigt du sherry de Stringham, et Brent, dont les manières semblaient meilleures que celles de Duport, demanda : « Et combien vous vendent-ils ce poison ? »

Nous ne devions pas connaître le prix, car presque au même moment Duport, qui était en train d'examiner le cavalier qui montait The Pharisee, dans une des gravures qui avaient suivi Stringham dans sa nouvelle résidence, fit remarquer : « Je n'ai jamais vu un jockey sur terre ou sur mer, monter un cheval de cette façon-là. »

« Eh bien, si ça t'arrive, dit Peter, joue immédiatement ta chemise dessus, Bob, tu referas peut-être une partie de ce que tes brillantes martingales t'ont fait perdre, alors qu'elles doivent toujours rapporter la grosse cote. »

« Combien de temps restez-vous ? » demanda Stringham, avant que Duport pût défendre ses théories hippiques.

« Nous rentrons à Londres après le dîner. »

Je vis alors que le changement que j'aurais pu soupçonner dans les relations entre Templer et Stringham s'était maintenant cristallisé. Non que leur amitié eût faibli, ou le plaisir qu'ils éprouvaient à être ensemble, mais leurs tournures d'esprit étaient maintenant différentes, et aussi leurs façons de s'exprimer. Stringham était plus tranquille qu'il ne l'avait été à l'école, tout en espérant avec plus d'impatience que jamais voir quelque chose de nouveau arriver à des intervalles relativement rapprochés, de façon à occuper son attention et l'empêcher de sombrer dans l'ennui. Peter avait moins changé, simplement son attitude devant la vie s'était confirmée. J'ignorais s'il était même conscient d'un changement chez Stringham. Il le connaissait bien, et je l'imaginais en train de décrire avec amusement les efforts entrepris pour dégeler l'atmosphère et qui, dans le cas de Stringham, ne devait d'ailleurs rien donner. Je pouvais également imaginer Stringham s'amusant de la façon dont Peter évoluait exactement dans le sens que lui, Stringham, avait parfaitement prévu.

« Nous pourrions tous dîner ensemble », proposa Stringham.

« C'était bien notre intention. »

Au restaurant, Stringham et moi devions parler à Peter de façon assez décousue, et principalement du séjour de Stringham au Kenya. Duport et Brent échangeaient des grognements entre eux et parfois à l'adresse de Peter, mais le contact ne s'établissait pas. Peter nous parla de sa voiture, qu'il venait d'acheter d'occasion, et qu'il considérait comme une excellente affaire.

– Il faut que je vous emmène faire une petite balade avant que nous ne repartions, dit-il.

– N'oublie pas que je veux faire un saut au *Cabaret Club* avant d'aller au paddock, dit Brent.

Duport dit : « Il y a là une fille qui lui doit de l'argent. »

« Je voudrais bien que ce soit vrai », répondit Brent, mais sans fournir aucune explication concernant ce souhait énigmatique.

La Vauxhall était en fait la véritable raison de cette visite impromptue. Peter voulait essayer la voiture. Il continua à se vanter d'avoir fait une excellente affaire, tout en nous invitant à nous extasier sur les différents avantages que comportait cette voiture. Le pare-brise avait été démonté pour lui donner l'allure d'une voiture de sport, mais elle donnait l'impression d'être passée entre pas mal de mains depuis que son premier propriétaire l'avait revendue. Elle éclipsait cependant la deux-places de Stringham, ce qui agaçait peut-être légèrement ce dernier. Peter était enchanté de sa Vauxhall, dans l'achat de laquelle Brent semblait avoir joué un rôle. Comme la soirée s'avançait, la personnalité de Brent se précisait : ainsi, il ne cessait de parler de femmes. Peter et Duport traitaient cette idée fixe à la légère, ne se cachant pas pour laisser entendre que les tentatives de Brent étaient loin de toujours connaître le succès, Brent prenait d'ailleurs cela assez bien. Sa voix parvenait à être à la fois profonde et grinçante; il parla à plusieurs reprises d'une certaine Flora, qui semblait avoir eu une conduite indigne à son égard. Mais il était certainement préférable à Duport, qui se montrait à la fois agressif et difficile à cerner, et je ne fus guère surpris lorsque le Duport en question déclara :

« Jamais pu me faire à la boîte. Ils m'ont flanqué dehors au bout d'un trimestre. Mais ici, ça a l'air encore pire. »

Je demandai des nouvelles de Jean.

– Elle va bien, répondit Peter. Elle est tombée amoureuse d'un type marié deux fois plus âgé qu'elle.

– C'est la sœur dont je m'occupe? demanda Duport.

– C'est celle-là.

Vers la fin du dîner, les choses s'arrangèrent un peu; mais Stringham et moi nous nous trouvions devant un Templer très différent de celui que nous avions connu. En fin de compte, j'étais même plutôt content d'avoir Duport et Brent avec nous, car leur présence rendait plus supportable, sans pour autant le cacher, le changement qui s'était produit. Peter voulait toujours nous montrer la vitesse de sa voiture sur une route dégagée, et il promit de nous ramener avant minuit; le dîner fini, tout le monde le suivit. Stringham et moi nous nous installâmes à l'arrière de la Vauxhall avec Duport, non par choix, mais parce que cela laissait davantage de place à tout le monde si Brent se mettait sur le siège à côté du chauffeur. Nous filâmes vers des routes peu fréquentées. Appuyé en arrière, je regrettais de ne pas avoir assez de place pour faire un somme. Dupont fumait, l'air maussade; Stringham, qui était assis de l'autre côté de moi, restait silencieux; Brent était encore en train de nous causer de Flora, sans que cela semblât intéresser Peter le moins du monde. Nous étions arrivés à la sortie de la ville, et la voiture accélérait quand – mais je ne compris pas exactement ce qu'il voulait dire – j'entendis Brent s'exclamer : « Ramassons ces deux-là. »

J'avais à peine remarqué que Peter ralentissait, quand nous nous arrêtâmes brutalement le long du trottoir, à côté d'une boîte aux lettres qui se dressait à un croisement, avec deux filles plantées devant. Elles portaient des robes à fleurs, une rose, une bleue, avec des chapeaux dans le même tissu. Elles avaient des visages de poupées hollandaises. Brent se tourna dans son siège pour les regarder.

« Ça vous amuserait, une petite promenade d'une demi-heure ? » demanda-t-il de cette voix désagréable, haut perchée et grasse qu'il avait.

Les filles ne firent pas de manières. Elles ne gloussèrent même pratiquement pas. Elles sautèrent immédiatement en voiture, la première s'assit à l'avant sur les genoux de Brent ; l'autre vint se serrer derrière avec nous trois, qui n'avions déjà pas trop de place. Elles s'appelaient Pauline et Ena. Ena était assise en biais, presque sur Duport, ses jambes sur mes genoux, et ses chaussures étroites à talons hauts sur ceux de Stringham. On m'avait souvent raconté ce genre de scène, mais c'était la première fois que cela m'arrivait. Malgré l'inconfort de la situation, je ne pouvais m'empêcher de sentir de l'intérêt, et même un certain émoi, à l'idée de ce qui allait se passer. Stringham n'était visiblement pas trop content de ce supplément de compagnie, dont il n'avait au demeurant qu'une fort petite portion; mais il prit cela du bon côté, prétendant même vouloir pincer la cheville d'Ena. Les filles n'avaient pas grand-chose à dire. Elles poussèrent de petits cris quand la voiture atteignit un morceau de route dégagée et accéléra.

– Faut admettre que c'est une affaire, hurla Peter, comme nous frôlions les cent trente kilomètres à l'heure.

– N'empêche qu'il va falloir que nous rentrions, dit Stringham. Mon médecin a insisté pour que je ne me couche pas tard depuis ma chute de cheval – en particulier avec quelqu'un, ou une partie de quelqu'un, sur les genoux.

– Très bien, dit Peter, nous ferons demi-tour au prochain croisement.

Ce fut pendant le trajet du retour que l'accident se produisit. Peter n'allait pas particulièrement vite, mais la route, rendue glissante par la pluie qui était tombée l'après-midi, présentait deux virages en épingle à cheveux; et comme nous arrivions au second de ces deux virages, il se passa quelque chose dans la voiture. Par la suite, personne ne put jamais expliquer exactement ce qui s'était passé, mais la version généralement acceptée fut que Brent, occupé à embrasser Pauline, avait dû tenter quelque chose qui lui avait déplu, si bien qu'elle s'était dégagée brutalement; et lui, en essayant de conserver leur équilibre, l'avait poussée contre le coude de Peter, si bien qu'elle lui bouchait la vue. Cependant, ce n'est là qu'une des théories avancées par la suite. Quoi qu'il en soit, la conséquence mémorable fut que Peter, dans son effort pour éviter un gros orme, plongea dans le fossé où la voiture s'arrêta net, avec un bruit vraiment horrible, comme un monstre expirant; et elle resta suspendue, formant un angle de quarante-cinq degrés avec la route.

Ce fut une surprise désagréable pour tout le monde. Les filles n'auraient pas fait davantage de bruit si l'on avait été en train de les égorger. Brent jurait de tout son cœur avec sa voix de fausset habituelle, ou forcée en raison des circonstances; il apparut cependant que Pauline et lui, peut-être à cause de la façon dont ils s'étaient trouvés blottis l'un contre l'autre, étaient les deux seuls passagers, quand tout le monde eut réussi à s'extraire de la Vauxhall, à être indemnes. Ena avait donné un grand coup de pied dans la figure de Stringham, et elle avait également réussi à faire un œil au beurre noir à Duport en lui donnant un grand coup de tête dans le front. Peter s'était meurtri les phalanges sur la poignée de la portière. Ena était sûre d'avoir le bras cassé, après la violence avec laquelle Duport s'était accroché à elle quand la voiture avait basculé. Quant à moi, j'avais simplement pris violemment sur le nez le genou d'Ena. Mais nous étions tous terriblement commotionnés; et, comme une des roues était voilée, pas question de ramener la voiture cette nuit-là. Nous avions eu pas mal de difficultés à nous sortir du fossé, et c'est alors que je sentis les premières gouttes de pluie. Il se mit bientôt à pleuvoir à verse.

Tout cela était extrêmement embêtant pour tout le monde. Peut-être était-ce particulièrement ennuyeux pour Stringham et moi, car nous ne pourrions probablement pas regagner le collège avant le couvre-feu; et il ne serait sans doute pas facile de convaincre les autorités qu'il ne s'était rien passé de condamnable à leurs yeux susceptible de nous mettre en retard, ou même de nous faire découcher, si les choses tournaient aussi mal. Les deux filles étaient sans doute habituées à rentrer tard, s'il leur arrivait régulièrement d'accepter des promenades en automobile à pareille heure; la situation n'en était pas moins critique pour elles aussi. Les protestations émanaient aussi bien des deux amis de Peter que d'Ena et de Pauline, mais je savais que le plus furieux, c'était Stringham. La pluie redoubla. Nous allâmes tous nous serrer sous l'orme.

– Il n'y a vraiment pas plus idiot, dit Brent. Tu aurais pu nous tuer.

– Certainement, répondit Peter, jamais pris au dépourvu avec des individus de la trempe de Brent. Je m'étonne même que cela ne soit pas arrivé avec un abruti de ton espèce à bord. N'avais-tu jamais eu de fille sur les genoux, pour te croire obligé de la balancer à travers la voiture au moindre cahot?

– Et puis, pourquoi avais-tu besoin de les embarquer, ces deux filles? demanda Duport, qui tenait son mouchoir en boule sur son œil poché, si tu n'es pas capable de tenir un volant?

– Ce n'est pas moi qui leur ai demandé.

– Tu devrais prendre des leçons de conduite.

Peter fit alors allusion à un incident au cours duquel Duport avait apparemment heurté un bec de gaz à Henley; ils continuèrent ainsi pendant quelques minutes. Pauline pleurait et avec Ena, elles faisaient à elles deux pas mal de vacarme, tout en se lamentant pour savoir comment elles allaient rentrer chez elles, problème insoluble dans ces circonstances.

« A quelle distance sommes-nous? demanda Stringham, et quelle heure est-il?

Il était onze heures et quart, et l'opinion générale était que nous avions dû parcourir une vingtaine de kilomètres. Il passerait peut-être une voiture, mais nous étions nombreux. Et jusqu'à présent, la route restait déserte. Stringham dit :

« Nous ferions aussi bien de nous installer pour camper. Brent, tu sembles fait pour les travaux manuels : si tu nous construisais une palissade?

« Vous auriez pas dû nous amener ici »; pleurnicha Pauline.

Ena, qui se plaignait que son bas fût déchiré, et qui avait toujours mal dans le bras, pleurait dans son sac à main. Peter et Duport firent le tour de la voiture en poussant sur différents endroits de la carrosserie, puis ils soulevèrent le capot pour inspecter le moteur. Haletant, Brent s'était assis tout seul sur le bord du fossé.

Peter dit : « On dirait que la pluie faiblit. Et si nous marchions dans la bonne direction? Il est inutile de rester plantés ici. »

Sa suggestion ne suscita guère d'enthousiasme; mais quand nous entreprîmes de nous mettre en marche, Ena perdit un de ses talons, ses chaussures paraissant de toute façon mal adaptées à une marche de vingt kilomètres.

« On ne peut pas changer la roue? » demanda Duport.

Nous essayâmes d'aborder le problème sous différents angles. Impossible de glisser le cric sous l'essieu. Nous ne réussîmes qu'à enliser davantage la voiture. Pendant que nous étions ainsi occupés, la pluie reprit, pour se transformer en déluge ininterrompu et pénétrant. Tout le monde retourna se serrer sous l'arbre, en attendant que ça se passe.

– Vraiment le truc idiot, dit Duport.

– Presque aussi brillant que lorsque tu es dégringolé dans l'orchestre le soir du bal des régates.

Stringham dit : « Quant à moi, je suis dans la condition parfaite pour être reçu dans une de ces religions orientales dont la seule doctrine consiste à se soumettre entièrement au destin. »

Il alla s'asseoir à côté de Brent sur le talus; il se tenait la tête entre les mains. Une minute ou deux après, le miracle se produisit. On entendit un bruit de moteur au loin sur la route, puis on vit la lumière de puissants phares. C'était un autobus. Brent, avec une agilité surprenante chez un personnage aussi rebondi, bondit au milieu de la route, les bras en croix comme dans un geste de supplication. Duport courut derrière lui apparemment le poing tendu. Je n'éprouvai aucun intérêt devant le danger qu'ils couraient de se faire écraser, simplement un grand soulagement en pensant que l'autobus allait inévitablement s'arrêter, qu'ils fussent écrasés ou non.

Stringham s'écria : « Ne l'avais-je pas dit ? C'est le destin. La roue de la vie. »

L'autobus s'arrêta à quelques mètres de Brent. Nous escaladâmes les marches. L'autobus était presque vide, et personne ne sembla comprendre à quels ennuis nous échappions tous. Les filles se remirent bien vite de leurs émotions, et elles essayaient de fixer un rendez-vous pour un autre soir. Elles furent cependant déposées (avec seulement une promesse vague de la part de Brent : il tâcherait de les revoir s'il passait dans le quartier) tout à côté de la boîte aux lettres où nous les avions embarquées dans cette fâcheuse aventure. Nous arrivâmes au centre de la ville : Templer, Brent et Duport étaient encore en train de se disputer pour savoir quel hôtel aurait l'honneur de leur clientèle, et s'il fallait tout de suite téléphoner à un garage pour faire récupérer l'épave de la Vauxhall. Ils en étaient toujours au même point quand nous descendîmes de l'autobus. Stringham et moi leur souhaitâmes le bonsoir.

« Désolé de vous avoir entraînés dans tout cela », dit Peter.

« Il faudra venir faire un petit tour avec nous en auto un de ces jours, répondit Stringham. En tout cas, à bientôt. »

Mais je savais qu'il n'en serait rien, que cet adieu était définitif. Et je me dis que Peter aussi devait le savoir. Un croissant de lune apparut entre les nuages. Les autres ne tardèrent pas à disparaître. Stringham dit : « Charmante soirée, et les nouveaux amis de Peter sont vraiment charmants. » Minuit sonnait aux quatre coins de la ville comme je franchissais la porte de mon collège. La pluie s'était calmée. Le clair de lune donnait aux pelouses et aux tours du collège quelque chose d'irréel, comme si tout allait disparaître à l'aube pour laisser la place à un autre décor. Je frissonnai sous le poids de mon manteau gorgé d'eau.

L'accident de voiture de Templer eut deux conséquences, en ce qui concerne Stringham : cela mit un terme à son amitié avec Peter, et augmenta considérablement son désir de quitter l'université dès que possible. Il se demanda même s'il allait rester jusqu'aux examens. Ce fut là une de ces séparations comme on en rencontre tout au long de l'existence; et dans ce cas, Peter l'avait prédit. Et il avait sans doute vu également qu'une période venait de s'achever, et que sa prophétie s'était accomplie, alors que nous étions tous sous ce gros orme avec la pluie qui nous dégoulinait dessus, à contempler l'épave de la Vauxhall.

Lorsque je dis que cela mit un terme à leur amitié, cela ne signifie pas que Stringham ne parla plus jamais de Templer, ou qu'il le fit avec animosité, loin de là : il faisait allusion à Peter aussi souvent que par le passé; et le récit de la promenade en auto, avec l'accident, Ena et Pauline, Brent et Duport, se trouva enjolivé jusqu'à devenir une épopée placée sous le signe de la confusion, mais extrêmement comique si l'on songeait au nouveau genre de vie que Peter s'était choisi. Néanmoins, une métamorphose s'était indiscutablement produite : c'était même parfois comme si Stringham parlait d'un ami disparu, ou parti au-delà des mers vers un lointain pays dont plus jamais il ne reviendrait. Il me dit une fois : « C'est épouvantable d'imaginer comment Peter sera devenu dans quinze ans »; et il ne parla plus jamais, comme il l'avait fait auparavant, d'organiser une sortie à Londres où nous nous serions retrouvés tous les trois.

Il me sembla même, mais à un degré bien moindre, que je ne pouvais éviter de me trouver personnellement inclus par Stringham dans ce bouleversement qui affectait nécessairement tous ceux qui avaient été des étudiants amis de Peter, destinés à rester encore ici au moins trois ans, ce qui rappelait à Stringham un style de vie auquel il avait décidé de renoncer. En outre, je n'avais pas en ce qui me concernait l'impression d'avoir coupé tout lien avec Peter; encore qu'il me faille admettre que je n'avais guère envie de beaucoup fréquenter ses nouvelles relations, s'il fallait voir chez Brent et Duport des représentants typiques de ses nouveaux amis londoniens. Quant aux projets de Stringham, ils me furent révélés un matin par l'entremise inattendue de Quiggin, comme je me retrouvais assis à côté de lui à un cours de Brightman, cours que je n'avais peut-être pas suivi avec autant d'assiduité qu'il l'eût fallu.

Cette fois-là, Quiggin me raccompagna en direction de mon collège, sans rien changer à l'attitude sévère qu'il avait montrée lors de notre rencontre chez Sillery. Il semblait surtout préoccupé de savoir davantage de choses sur Mark Members.

– Où est-ce que ses trucs paraissent? demanda-t-il.

– Quels trucs?

– Il a bien eu des poèmes de publiés, non?

– Celui que j'ai lu, c'était dans *Public School Verse.*

– Pourquoi *public*? demanda Quiggin. Pourquoi *« Public » School Verse*? Pourquoi pas simplement *School Verse*?

Je fus bien incapable de lui répondre; je lui dis que le titre avait dû plaire à l'auteur de la sélection, ou à l'éditeur.

– Parce que ce n'est pas comme si elles étaient « publiques », ces écoles, continua Quiggin; il n'y a rien de moins « public ».

J'avais déjà entendu cela, et tout ce que je trouvai à répondre fut : « Il faut bien leur donner un nom, n'est-ce pas? » Quiggin s'arrêta net, enfonça les mains dans ses poches (il portait toujours son costume noir) et pencha la tête en avant. Il était maigre, avec l'air en mauvaise santé : peut-être ne mangeait-il pas suffisamment.

– Tu en as un exemplaire? me demanda-t-il.

– Oui.

– Je peux l'emprunter?

– Certainement.

– Maintenant?

– Si tu veux m'accompagner.

Nous marchâmes jusque chez moi en silence. Arrivé là, il examina le mobilier, comme s'il n'appréciait pas trop ce que le collège fournissait pour qu'on s'y assît ou qu'on s'y étendît. Il faut dire que tout cela était assez minable. Debout devant ma bibliothèque, il prit l'exemplaire de *Public School Verse,* qu'il avait tout de suite repéré, puis il passa les autres livres en revue.

– Tu connais bien Members? me demanda-t-il.

– Je ne l'ai vu qu'une seule fois, depuis notre rencontre chez Sillery.

Cela avait été à l'occasion d'un déjeuner donné par Short, où Members avait vivement déplu à son hôte en dévorant presque toutes les fraises avant que le repas ne commençât. Là-dessus, il n'avait pas dit un seul mot pendant tout le déjeuner, et il était parti avant le café, sous prétexte qu'il lui fallait partir écouter son phonographe car il faisait cela une demi-heure tous les après-midi, et s'il ne s'en allait pas immédiatement, il n'en aurait pas le temps avant un autre rendez-vous qui l'attendait. Short, garçon paisible au demeurant, s'était montré très irrité.

« Si je comprends bien, ce Members est un de nos jeunes poètes pleins d'avenir », dit Quiggin.

J'admis que *Iron Aspidistra* semblait prometteur. Quiggin, l'air lugubre, feuilletait le recueil. Il dit enfin : « J'aimerais bien revoir Members. »

Je faillis laisser échapper que cela ne manquerait pas de se produire tôt ou tard, puisque leurs familles étaient voisines; mais Quiggin voulait visiblement dire ici, plutôt que pendant les vacances, et je jugeai plus sage de garder cela pour moi. Je promis de lui faire savoir quand l'occasion se présenterait, si par exemple Members venait me voir, ce qui semblait peu probable, après son attitude au déjeuner chez Short.

– Est-ce que je peux prendre aussi *The Green Hat*? demanda Quiggin.

– Ne le perds pas.

– C'est sur la vie mondaine, n'est-ce pas?

– D'un sens, oui.

Je n'avais pas encore complètement digéré le contenu de *The Green Hat,* roman dont je sentais qu'en gros il peignait une image plutôt sympathique de ce que Londres avait à offrir, encore qu'une bonne partie de la vie qui y était décrite me demeurât plutôt obscure. Je fus surpris de l'intérêt manifesté par Quiggin. Il reprit : « Dans ce cas, je ne pense pas que cela me plaira. J'ai horreur des choses superficielles. Mais je vais quand même le prendre pour y jeter un coup d'œil, et je te dirai ce que je pense du style. »

– Je t'en prie.

– J'imagine que cela montre le monde que ton ami Stringham fréquentera quand il entrera chez Donners-Brebner, dit Quiggin, tout en continuant de faire l'inventaire de ma bibliothèque.

– Que veux-tu dire?

– Tu dois savoir qu'il a pris ce poste dont Truscott a parlé chez Sillery. Il a dû te le dire?

– Comment cela, avec Sir Magnus Donners?

Inutile de prétendre que j'étais au courant. J'étais même si surpris qu'après le départ de Quiggin, je fus pris d'une sorte d'irritation.

– Je pensais qu'il te l'aurait dit, continua Quiggin.

– Où as-tu entendu cela?

– Eh bien, chez Sillery, naturellement. Sillery prétend que Stringham est exactement le garçon qui convient.

– Sans doute.

– Naturellement, reprit Quiggin. Je me suis tout de suite dit que je ne risquais pas que Truscott pense à moi. Je ne dois pas être assez bien, dans tous les sens du terme.

– Cela t'aurait plu?

Je n'avais rien trouvé d'autre à dire : l'idée que Quiggin pût être le garçon que cherchait Truscott semblait parfaitement grotesque.

Quiggin ne prit pas la peine de me répondre : Il se contenta de répéter, avec un reniflement : « Pas assez bien, tant s'en faut. » Puis il ajouta : « Tu peux venir me voir à mon collège, si tu veux, si toutefois tu arrives à le dénicher. Mais je n'aurai pas de vieux porto à t'offrir, ni rien de ce genre. »

Je lui répondis que je n'étais pas spécialement amateur de porto; j'entrepris alors de lui dresser la liste de mes goûts en matière de vins mais Quiggin, avec une impatience que je comprends mieux aujourd'hui, m'interrompit en disant : « Je mène une existence très paisible. Je n'ai d'ailleurs pas les moyens de faire autrement. »

« Moi non plus. »

Quiggin ne répondit pas. Il me regarda avec un profond mépris; sans doute parce que j'avais laissé entendre qu'il existait un point commun entre le fait de ne pas pouvoir s'offrir des crus rares, ce qui était mon cas, et sa façon discrète de révéler qu'il avait bien de la peine à subvenir aux besoins les plus élémentaires. Il resta silencieux pendant quelques secondes, comme s'il était en train de se demander s'il m'adresserait jamais la parole de nouveau, puis il dit d'un ton bourru : « Bon, il faut que je m'en aille. »

Comme il s'en allait, courbé sous le poids de *Public School Verse* et *The Green Hat*, j'eus soudain honte de ma remarque étourdie. Mais j'eus bientôt oublié cela, sur le moment, en songeant à ce que je venais d'apprendre au sujet de Stringham, et que je voulais voir confirmer dès que possible. Je continuai cependant à éprouver un certain intérêt pour Quiggin, et sa façon de vivre. Cet isolement farouche me rappelait un peu celui qui avait retenu mon attention chez Widmerpool.

Lorsque je revis Stringham, il sembla surpris de l'importance que j'accordais à sa décision.

– Je pensais te l'avoir dit, dit-il. En fait, rien n'est encore décidé. Il ne manque pas de toupet, ton ami Quiggin, si je peux m'exprimer ainsi.

– Que penses-tu de lui?

– C'est pour moi comme un livre fermé, répondit Stringham, et je dois dire que je n'ai aucune envie de le parcourir. Par contre, Bill Truscott a été plutôt impressionné.

– Par Quiggin?

– Oui, si bizarre que cela puisse paraître.

– Tu vas travailler avec Truscott?

– Je serai l'autre secrétaire privé.

– C'est Sillery qui a suggéré cela?

– Il a l'air de beaucoup y tenir. Mais il pense qu'il faut consulter la famille.

– Et ils vont faire des objections?

– Pour une fois, répondit Stringham, je crois que non. Ma mère espérera enfin me voir installé dans l'existence. Buster – et c'est là qu'il se trompe – se dira que c'est un pas vers le conseil d'administration de Donners-Brebner. Quant à mon père, il va en rester baba de me voir capable de gagner ma vie d'une façon quelconque.

– Et la licence?

– Bill Truscott prétend que Sir Magnus se demande comment diable il y a encore aujourd'hui des gens pour passer des licences; et il ajoute que ce dont il a besoin c'est de gens qui connaissent le monde et qui peuvent agir et penser vite.

– Ça va loin.

– Et puis je prendrai modèle sur Bill.

– Alors tu ne reviendras pas au prochain trimestre?

– Si je peux l'éviter.

Le rôle de Sillery dans tout cela ne manquait pas d'intérêt. On aurait pu attendre de sa part – comme Stringham voulut bien l'admettre – qu'il encourageât le plus grand nombre d'étudiants à rester sous son influence le plus longtemps possible. Je devais comprendre plus tard pourquoi il n'en était pas ainsi. Si Stringham restait à l'université, il risquait de tomber tôt ou tard sous la coupe d'autres personnes que Sillery et qui lui seraient peut-être même hostiles. Et même s'il restait fidèle à Sillery, c'était visiblement le garçon à se fourrer dans des situations dont Sillery lui-même porterait plus ou moins la responsabilité, s'il s'efforçait de trop le garder sous son aile. Placé à une position clef chez Donners-Brebner – en grande partie grâce à la recommandation de Sillery – Stringham pourrait non seulement lui servir d'informateur au sein même de cette puissante entreprise, mais il aurait également à l'œil l'autre protégé de Sillery, Truscott. Et le moment venu, Sillery en personne trouverait certainement le moyen de renouer les liens qui existaient et cela de la façon la plus satisfaisante. Bref, le pouvoir sans les responsabilités, voilà ce qui s'offrait à Sillery dans sa sphère étroite, et cela aux meilleures conditions. Sillery n'aurait certainement pas vu cela sous une forme si élémentaire – et j'étais loin moi-même d'imaginer la chose avec autant de clarté – mais le paradoxe apparent qui poussait Sillery à essayer de faire partir Stringham m'apparut assez clairement plus tard.

– De toute façon, dit Stringham, toi aussi tu seras bientôt à Londres.

– Sans doute.

– Eh bien, nous allons bien nous amuser.

Je ne sais trop pourquoi, mais je n'en étais pas si sûr. La vie ne semblait plus se présenter tout à fait sous cette façade simplette, où éviter Le Bas et la partie de football constituaient les exploits essentiels pour rendre l'existence supportable pendant toute une journée. Je ne partageais peut-être pas l'idée de Stringham selon qui Peter Templer avait disparu à jamais, mais Peter ne me semblait pas pour autant vivre dans un monde aux charmes sans limites. Les sphères vers lesquelles Stringham semblait lui aussi aspirer, encore que je n'en susse pas grand-chose, ne me tentaient pas particulièrement. Et si Widmerpool avait eu raison en préconisant une attitude plus sérieuse en ce qui concerne le problème de l'avenir? Il me revint à l'esprit certaines de ses remarques sur le sujet pendant notre séjour à La Grenadière.

D'ailleurs, Mrs. Foxe ne devait pas manifester la bonne volonté que Stringham avait attendue de sa part, pour qu'il cesse immédiatement de faire partie de l'université. Bien au contraire, elle écrivit pour lui dire qu'elle le trouvait bien jeune pour passer tout son temps à Londres; allant jusqu'à ajouter qu'elle n'avait pas envie de le voir devenir « quelqu'un dans le genre de Bill Truscott », personnage pour qui elle était censée toujours avoir eu un faible. Cependant, cet obstacle n'était pas entièrement imprévu, malgré l'ancien espoir qu'avait eu Stringham de voir sa mère, sous l'impulsion du moment, décider qu'il ferait aussi bien de trouver un emploi immédiatement.

« Bien entendu, c'est un coup de Buster », dit-il, quand il parla de cette lettre.

Je n'en étais pas si sûr. Le ton des remarques de sa mère ne donnait pas l'impression d'arguments de seconde main : elle semblait plutôt exprimer ses propres sentiments. Stringham plaida sa cause. Finalement, elle décida de venir parler de tout cela de vive voix.

– C'est plutôt gentil de sa part, dit Stringham. Tu penses comme elle doit être occupée à cette saison de l'année !

– Crois-tu pouvoir la persuader ?

– Je vais circonvenir Sillery.

– Tu vas emmener ta mère le voir ?

– Je vais inviter Sillery à déjeuner. Est-ce que tu viendras me soutenir ?

– Je ne vais pas te soutenir si je n'ai pas envie de te voir partir.

– Alors, tu seras le témoin impartial.

Voilà où en étaient les choses lorsque je me mis à comprendre vaguement ce que Short voulait dire en parlant de l'influence de Sillery et de ses intrigues; encore que dans ces limites il semblât assez naturel de voir un professeur parler avec une mère de l'avenir de son fils. Je me dis qu'en somme Sillery était comme Tirésias car, bien qu'essentiellement homme dans son aspect, il semblait partager avec le devin ce pouvoir de se changer en femme à volonté. Par exemple, avec Truscott il devenait une grand-tante affectueuse; tandis que dans son éternelle dispute avec Brightman – pour parler d'une autre de ses activités – il se comportait souvent avec un mélange de brusquerie et de réserve qui n'avait rien d'une escarmouche entre une femme et un homme; cependant c'était une discussion qui semblait bien être davantage qu'une simple différence d'opinions entre deux hommes. D'ailleurs, Sillery ne détestait pas du tout la compagnie des femmes sur un plan mondain, pourvu que l'on n'exigeât rien de lui. J'étais curieux de voir comment il allait s'y prendre avec Mrs. Foxe.

En attendant, je continuais à voir Quiggin de temps en temps, sans pour autant parvenir à me décider en ce qui concerne les différentes opinions que l'on avait de lui. Il rappelait beaucoup Widmerpool, je l'ai dit, par cette façon qu'il avait de s'absorber entièrement dans ses propres activités, et aussi par son ambition. Au contraire de Widmerpool, il n'étalait pas ses aspirations, et restait aussi secret que possible en ce qui concernait son arrivisme, si bien que même après avoir compris la détermination avec laquelle il s'efforçait d'obtenir ce qu'il voulait, je ne sus jamais exactement où allaient ses désirs. Il se plaignait de la médiocrité de l'enseignement, de l'insuffisance de conférences utiles disponibles, et il lui prenait parfois l'envie de discuter son propre travail avec minutie. Je crus d'abord qu'il travaillait beaucoup plus dur que la plupart des étudiants que je connaissais, puis il me vint des doutes, et je découvris que Quiggin préférait discuter de son travail plutôt que de s'y plonger vraiment, et que ce qu'il aimait surtout, c'était boire des tasses de café à des heures bizarres. Autre trait qui me devint bientôt familier, il adorait rencontrer des gens qu'il considérait comme importants, et il était surprenant de voir comme il réussissait à les impressionner – comme il semblait avoir impressionné Truscott – alors qu'on aurait pu s'attendre à les voir tiquer devant ses manières et sa tenue.

La conversation tomba sur Quiggin au cours d'un de ces déjeuners que Short, à qui l'on faisait une pension confortable, donnait de temps en temps. Mark Members, malgré son attitude une des fois précédentes, faisait partie des invités (Short le considérait comme intellectuellement « solide »); mais c'était Brightman l'hôte d'honneur. Deux étudiants, Smethwyck et Humble, avaient également été invités, et peut-être d'autres. Short avait tendance à devenir sentimental quand il avait déjà pas mal mangé et pas mal bu au déjeuner, et il déclara : « Quiggin doit avoir de la difficulté à joindre les deux bouts, ici. Il m'a dit que son père avait travaillé dans les chemins de fer, près d'une ville des Midlands. »

« Balivernes ! s'exclama Brightman, le seul professeur présent. Quiggin est dans mon collège. J'ai étudié sa position financière quand il s'est inscrit. Il n'a certainement pas moins d'argent que la moyenne – et probablement davantage avec sa bourse. »

« Mais alors qu'est-ce que fait son père ? » demanda Short, qui avait l'habitude d'être contredit par Brightman, et d'ailleurs par presque tous les autres membres de l'université.

– Décédé.

– Alors, qu'est-ce qu'il faisait ?

– Entrepreneur de travaux publics – et très porté sur la politique municipale. A tel point que cela a failli le faire jeter en prison. Il s'en est sorti en appel.

Brightman riait sous cape de la façon dont il pouvait faire tourner Short autour de son petit doigt.

– Ça n'empêche pas qu'il ait pu travailler dans les chemins de fer.

– La seule chose que Quiggin l'Ancien ait jamais faite dans les chemins de fer, ajouta Brightman, de plus en plus sûr de lui au fur et à mesure qu'on le contredisait, c'est probablement d'avoir voyagé sans billet.

– Ce qui ne prouve pas que son fils ait de l'argent, dit Humble, qui n'aimait pas trop Brightman.

– Il a hérité d'une petite rente, dit Brightman. Il vit avec sa mère, qui est conseillère municipale. N'est-ce pas, Mark ?

On aurait pu soupçonner un garçon plus rancunier que ne l'était Short d'avoir lancé la conversation sur Quiggin principalement pour punir Members de son raid sur les fraises; mais Short était bien trop brave garçon pour avoir imaginé une telle vengeance. De plus, il ne lui serait jamais venu à l'idée de faire marcher quelqu'un dont il admirait les capacités intellectuelles. Brightman, quant à lui, n'avait pas de ces scrupules, et il ajouta : « Allons, Mark. Parlez-nous de Quiggin. Après tout, c'est votre voisin, si l'on en croit Sillers. »

Quiggin comprit sans doute qu'il ne pourrait pas éviter le sujet. Rejetant en arrière la mèche qui lui cachait les yeux, il dit : « Il y a une voie de chemin de fer désaffectée, une voie de garage, qui a été transformée en lotissements. C'est probablement là qu'il travaillait. C'est le long d'un quartier résidentiel. ».

Tout le monde éclata de rire, et cela régla la question pour Quiggin et pour Brightman, en ce qui concerne Members. Smethwyck parla d'une pièce qu'il avait vue à Londres, et la conversation changea de direction. Cependant ce sentiment de culpabilité qui m'envahissait quand je rencontrais Quiggin ou qu'il était question de lui ne fut pas complètement dissipé par ces révélations sur ses conditions financières. On ne pouvait pas trop compter sur ce que disait Brightman, et dans ce qu'avait dit Members avait percé une indéniable hostilité personnelle. Il est fort possible que ce travail aux chemins de fer ait été accessoire : après tout Mark Members connaissait bien le coin; mais même si le cadre était vrai, cela n'empêchait pas qu'il pût exister dans la vie de Quiggin quelque chose dont il souffrait de façon chronique. Peut-être exagérait-il pour lui-même et pour les autres son manque de moyens par rapport à ses camarades; mais cela ne faisait que montrer le désir de se trouver d'autres griefs, peut-être plus sérieux. Peut-être l'argent représentait-il aux yeux de Quiggin un élément dont il savait qu'il lui faisait défaut : un peu comme Widmerpool voulant chercher noise à Stringham, et lui reprochant d'avoir trop d'argent, alors qu'en fait il enviait chez lui des talents qui n'avaient rien de matériel. Le même genre de mécanisme semblait diriger le personnage de Quiggin et son comportement.

Ce déjeuner chez Short eut lieu la veille du jour où je devais revoir Mrs. Foxe, et je ruminai le problème de Quiggin tout en me dirigeant vers l'appartement de Stringham.

« Ça va être un déjeuner épouvantable », dit Stringham, tandis que nous attendions l'arrivée de sa mère et de Sillery.

Ce fut Sillery qui arriva le premier. Il avait fait un brin de toilette pour cette occasion, il avait taillé sa moustache, et il avait changé son traditionnel nœud papillon contre une cravate de soie noire à pois blancs. Stringham lui offrit un doigt de xérès, qu'il refusa. Comme beaucoup de ceux qui préfèrent le pouvoir aux plaisirs des sens, Sillery ne touchait pas aux liqueurs fortes. Il se promena une minute ou deux dans la pièce, et il jeta un coup d'œil aux invitations sur la cheminée : un bal ou deux à Londres, des soirées d'étudiants. Rien qui pût l'intéresser, apparemment, car il vint se planter entre Stringham et moi et, nous prenant chacun par un bras, fit peser son poids sur nous.

– J'ai appris que vous aviez revu le Frère Quiggin, me dit-il.

– Nous nous sommes rencontrés à un cours de Brightman, Sillers.

– Vous allez tous les deux aux cours de Brightman, n'est-ce pas? demanda Sillery. J'espère qu'il a un auditoire suffisant.

– Modérément.

– Surtout des filles, j'en ai peur.

– Avec un garçon par-ci, par-là.

– J'ai entendu dire que l'amphi était de plus en plus désert. C'est dommage, car c'est un type très capable. On a encensé Brightman dans sa jeunesse, ajouta Sillery. Mais dites-moi, comment trouvez-vous le Frère Quiggin?

Je ne savais trop que répondre, et Sillery attendait visiblement une réponse. Il reprit : « Le Frère Quiggin, aussi, est très capable. Nous ne devons pas l'oublier. »

Stringham ne semblait pas trop avoir envie de parler à Sillery. Il alla regarder par la fenêtre. On entendait un phonographe dans l'appartement au-dessus. Dehors, il faisait lourd.

« J'espère que ma mère ne va pas arriver désespérément en retard », dit-il.

Nous attendîmes. Sillery se mit à nous raconter un circuit pédestre en Sicile qu'il avait fait jadis avec deux amis, dont l'un était devenu ministre des Postes, tandis que l'autre, mort avant la trentaine, semblait promis à une destinée encore plus brillante. Il en était arrivé à une amusante anecdote concernant un professeur allemand qu'ils avaient rencontré dans une église de Syracuse, quand on entendit des pas dans l'escalier. Stringham alla ouvrir la porte qui donnait sur le palier. « Tiens, bonjour, Tuffy, l'entendis-je dire. Seule? »

De la pièce, nous n'entendîmes pas la réponse de Miss Weedon. Elle entra, tout à fait comme je l'avais vue à Londres, avec Stringham derrière elle. « Ma mère est désolée, Sillers, au dernier moment, elle a eu un empêchement, dit-il, mais Miss Weedon a été assez gentille pour faire tout le trajet en voiture jusqu'ici, pour qu'il n'y ait pas une place vide à table.

Sillery ne prit pas cela trop bien. Il était visiblement déçu que Mrs. Foxe nous ait fait faux bond, et ne semblait pas considérer la présence de Miss Weedon comme une consolation adéquate. Nous nous installâmes pour faire un déjeuner qui ne s'annonçait pas comme particulièrement agréable. Stringham ne semblait pas du tout surpris de voir ainsi ses plans échouer. Il était visiblement ravi de voir Miss Weedon, et c'était elle qui semblait la plus désolée de voir reportée cette conversation concernant l'avenir de Stringham. Sillery décida qu'il convenait d'abord d'établir sa propre position aux yeux de Miss Weedon, avant de voir ce qu'il pourrait bien tirer d'elle.

– Du saumon, fit-il remarquer. Cela me fait toujours penser à Mr. Gladstone.

– Prenez-en quand même, dit Stringham. J'espère qu'il est bien frais.

– C'est vous qui avez organisé ce déjeuner? demanda Miss Weedon, avant que Sillery pût placer son anecdote. Mais vous êtes vraiment épatant! Vous savez, votre mère était vraiment désolée de ne pas pouvoir venir.

– Le chœur était en train de répéter quand je suis passé, reprit Sillery, apparemment bien décidé à lancer la conversation sur son terrain à lui. Ils en étaient à ce passage du *Messie* (il fredonna la chose en battant la mesure à l'aide de sa fourchette), eh bien, vous savez, ces voix d'enfants m'ont rendu tout triste, sur le moment.

– Charles avait une très jolie voix, n'est-ce pas? dit Miss Weedon, dans l'intention évidente de compléter le personnage de Stringham, plutôt qu'en fonction de l'intérêt musical éventuel de cette révélation.

– J'aurais même peut-être pu gagner ma vie comme cela, dit Stringham, si je n'avais pas mué. Et puis j'aurais adoré chanter dans les rues. Mais cela m'arrivera peut-être un jour.

– Vos projets d'avenir, quelle histoire! dit Miss Weedon. L'idée que vous viviez à Londres, ça ne plaît pas du tout à Buster.

Sillery sembla intéressé par cette remarque, malgré la vive irritation que provoquait chez lui la façon dont Miss Weedon le considérait. Il semblait incapable de comprendre exactement quelle position elle occupait dans la famille, et il faut reconnaître que ce n'était guère facile. Il était tout aussi difficile de deviner ce qu'elle savait, ou pensait, de Sillery; et si elle appréciait l'influence que lui, Sillery, avait pu acquérir sur Stringham.

Miss Weedon et Sillery étaient assis l'un en face de l'autre, et elle semblait avoir acquis ainsi quelque chose de plus ferme, de presque viril, alors que Sillery ressemblait plus que jamais à quelque magicien, au chaman capable de se faire homme ou femme pour affronter l'un ou l'autre sexe.

Cette pénible situation aurait pu se prolonger pendant toute la visite de Miss Weedon, si Moffet – dont il sera bientôt question – n'était pas venu remettre un télégramme à Stringham, en même temps qu'il servait la suite. Moffet, long personnage sinistre, avait, par son attitude générale, qui ne pouvait manquer de se révéler oppressante, probablement contribué à ce que Stringham prît en grippe la vie universitaire. Stringham avait baptisé Moffet *l'assassin*, non que l'homme semblât douteux, il aurait même pu facilement passer pour quelque dignitaire ecclésiastique, mais plutôt à cause de la froide cruauté qu'il avait dans l'œil, selon l'expression de Stringham. Quand Moffet avait décidé, pour une raison ou une autre, qu'un des étudiants de son escalier valait la peine d'être cultivé, il s'attachait à lui avec quelque chose de sacerdotal, comme s'il fallait que sa victime fût convertie, peu importait le prix, aux doctrines de Moffet. Et Moffet avait dès le premier coup d'œil décidé que Stringham ne lui échapperait pas.

En particulier, un des dadas de Moffet concernait la façon dont Stringham disposait sur la cheminée une collection d'éléphants d'ivoire. Stringham les préférait à la queue leu leu, Moffet côte à côte face à la pièce. Je m'étais trouvé là un jour que Moffet venait juste de « faire la pièce » avant de se retirer. Stringham était allé à la cheminée et il avait remis ses éléphants en ligne; il avait presque fini quand Moffet était revenu, alors que Stringham avait encore le dernier éléphant entre ses doigts. Moffet l'avait regardé d'un air glacial.

– Je crains bien de ne pas être très doué pour la décoration, Monsieur, avait dit Moffet.

– C'est juste un caprice que j'ai concernant les éléphants.

– Je tâcherai de m'en souvenir, Monsieur, avait répondu Moffet. Pour les épousseter, cela demande beaucoup de soin.

Puis il était reparti, ajoutant : « Merci, Monsieur. » Et il avait refermé la porte. Cet incident avait profondément marqué Stringham. « Je crois qu'il ne me reste plus qu'à m'en aller », avait-il dit.

Moffet était cependant ravi de servir Sillery qu'il préférait, pour une raison à lui, à la plupart des autres professeurs. Il apporta le télégramme avec un geste noble; c'était de la mère de Stringham : finalement, elle arrivait, Buster s'était offert pour la conduire. Sillery donna immédiatement tous les signes de la plus vive satisfaction; et Miss Weedon eut sans doute l'espoir de voir les négociations s'engager sans plus tarder. Stringham ne manifesta aucun intérêt.

– Si Buster vient, dit-il, il va probablement tout faire rater.

– Je serai ravi de voir Buster, dit Sillery en souriant à Miss Weedon. Je pense que je pourrai le convaincre de la justesse de notre point de vue.

Il joignit les extrémités de ses doigts. Miss Weedon sembla un peu surprise de l'enthousiasme avec lequel Sillery lui proposait son alliance. Peut-être pensait-elle qu'en tant que professeur il allait s'efforcer de garder Stringham à l'université. Elle dit : « Le plus grand regret du Capitaine de frégate Foxe, c'est de ne pas être allé à l'université. »

J'ignore si cette remarque était destinée à excuser Buster, ou à suggérer à Sillery un plan de bataille.

– Il a certainement acquis une éducation fort utile dans une autre sphère, répondit Sillery. Je me suis renseigné, et j'ai découvert que nous avions des quantités d'amis communs. Bill Truscott, par exemple.

Miss Weedon ne sembla pas manifester le même enthousiasme à l'égard de Bill Truscott. Je me demandai s'ils avaient eu des mots.

– Nous avons beaucoup vu Mr. Truscott à la maison ces temps-ci, répondit-elle en restant sur ses gardes.

– Bill connaît parfaitement cette situation, reprit Sillery. Ce serait un grand avantage de travailler de concert avec lui.

Miss Weedon consentit seulement à admettre que Mr. Truscott était très gentil. Cependant, la soudaine bonne humeur de Sillery avait beaucoup contribué à détendre l'atmosphère, et le déjeuner se poursuivit beaucoup plus agréablement.

Mrs. Foxe et Buster arrivèrent juste comme Moffet desservait. Ils apportaient un grand panier avec du caviar, du raisin et une bouteille de champagne. Leur apparition produisit un effet immédiat. Sillery et Miss Weedon perdirent presque complètement cet aspect hermaphrodite qu'ils avaient présenté jusque-là dans un souci d'harmonie : Miss Weedon retrouvait son rôle normal de dame de compagnie auprès de Mrs Foxe; Sillery redevenait le professeur un peu excentrique, et abandonnait du même coup la façon plus ou moins directe dont il avait jusqu'à ce moment abordé la question des affaires de Stringham. C'était la première fois que je voyais ensemble Mrs. Foxe et Buster. Ils formaient un couple peu ordinaire. Pas tellement parce qu'elle était légèrement plus âgée que lui, car cela se remarquait à peine; Buster semblait moins tendu, il avait grossi et son image était nettement moins juvénile que lorsque je l'avais rencontré à Londres, il y avait plus d'un an de cela. Il était toujours vêtu avec recherche, et semblait de bien meilleure humeur qu'au cours de cette rencontre.

« Nous avons apporté quelques provisions », dit-il à Stringham en posant le panier sur une chaise, puis, se tournant vers moi, il ajouta : « Un peu de caviar, ça ne peut jamais faire de mal, n'est-ce pas? »

Visiblement, en présence de sa femme, il acceptait de jouer les utilités, quel que fût son rang quand elle n'était pas là. Quand ils se trouvaient ensemble quelque part, il était la propriété de Mrs. Foxe. De temps en temps, elle lui jetait un coup d'œil comme pour s'assurer qu'il se tenait convenablement; mais elle semblait assurée qu'il lui suffirait d'un mot pour tout remettre en ordre s'il lui arrivait de faire quelque chose qu'elle pût désapprouver. Je devais découvrir beaucoup plus tard que les circonstances de leur mariage avaient été parfaitement respectables, en quelque sorte, et que rien n'était plus éloigné de la vérité que l'insinuation de Widmerpool selon qui elle avait divorcé dans des conditions particulièrement scandaleuses. Mais à l'époque j'ignorais toute cette histoire, et j'étais très curieux de savoir où ils s'étaient rencontrés, et comment cette idylle romanesque les avait amenés à se sauver ensemble.

Sillery manifesta soudain la plus grande activité. Il s'approcha vivement de Mrs. Foxe, s'efforçant dans sa conversation de renouer les fils de relations qui dataient de plusieurs années. Il se dirigea ensuite vers Buster, sur qui il avait évidemment l'intention de concentrer ses efforts, et il l'entraîna au fond de la pièce; il ne tarda d'ailleurs pas à le prendre par le bras. Moffet était venu demander si l'on revoulait du café. Au milieu de cette scène un peu confuse, il semblait comme un poisson dans l'eau. Mrs. Foxe et Buster n'avaient pas déjeuné, et avec ce qui restait de notre repas, on improvisa une façon de pique-nique.

Sillery avait dû parvenir à ce qu'il voulait, car il ramena Buster vers la table, en nous assurant que c'était vraiment extraordinaire qu'ils ne se soient jamais rencontrés à l'époque où, pendant la guerre, il s'était occupé de l'Y.M.C.A., mais il négligea de nous expliquer comment cette rencontre aurait été possible. Peu importe ce qu'ils s'étaient trouvé en commun, Buster semblait ravi, et ils bavardaient avec de grands éclats de rire comme s'ils se connaissaient depuis des années. Je me suis parfois demandé si Sillery lui avait à cette occasion fait une offre précise, une recommandation auprès de quelqu'un dans le monde des affaires, par exemple, car je savais par Stringham que Buster songeait à prendre sa retraite de la Marine. Finalement, il est probable qu'il n'y eut là rien de concret, à part la sympathie immédiate entre Sillery et Buster, Sillery s'en tenant à des flatteries, avec peut-être au bénéfice de Buster un discret étalage des relations les plus impressionnantes de sa collection. En tout cas, le destin de Stringham se décida au cours de ces toutes premières minutes, car c'est certainement là que Buster décida de renoncer à son opposition. Quel aurait été le poids de cette éventuelle opposition, sans l'intervention de Sillery, voilà une question à laquelle il est bien difficile de répondre. Buster manifestait peut-être une certaine soumission en présence de sa femme, mais cela ne signifiait pas pour autant qu'il n'eût aucune influence sur elle. Au contraire, cette sujétion pouvait lui donner un pouvoir certain dans de telles affaires. Qu'il fût contre l'envie de Stringham de quitter l'université, cela n'avait rien de surprenant; qu'il changeât soudain d'avis, voilà qui était beaucoup plus inattendu. Bref, lorsque Mrs. Foxe fut prête à partir, après qu'on eut fini le caviar, le champagne et le raisin (Sillery en accepta une grappe), il avait été décidé, presque sans discussion, que Stringham quitterait l'université à la fin du trimestre. En lui disant au revoir,

Sillery rappela à Mrs. Foxe qu'il restait à son service; puis il serra longuement la main de Buster entre les siennes, comme s'il s'agissait de sceller un pacte. Il se montra poli et amical à l'égard de Miss Weedon, mais nettement moins démonstratif. Moffet attendait dans l'escalier. Sa dignité dut l'impressionner, car Buster lui glissa une pièce dans la main.

Encore qu'il arrivât à l'oncle Giles d'écrire, une lettre de lui était chose rare. Et quand il écrivait, c'est qu'il avait besoin de quelque chose : une adresse qu'il avait égarée, par exemple, ou un projet d'affaire qu'il caressait alors et qu'il souhaitait voir recommandé à toutes les personnes de connaissance. Il avait une petite écriture nette et raide, un peu démodée, qui n'annonçait pas du tout le flou de son caractère. Il envoyait généralement une carte à Noël, minuscule et non illustrée, et toujours postée très à l'avance. Aussi, lorsque vers la fin du trimestre d'automne je reçus une enveloppe avec son écriture dessus, je me dis tout d'abord qu'il avait désormais décidé d'envoyer ses cartes de Noël avec un mois d'avance. « Je suis à Londres pour quelques semaines, écrivait-il, et j'aimerais te voir un soir. Après tout, je n'ai que trois neveux. Je dîne tous les soirs au *Trouville Restaurant*. Naturellement, c'est un endroit très simple, mais où l'on en a pour son argent. Il faut faire attention à son argent, de nos jours. Le soir que tu voudras. » Sunny Farebrother, cela me revint tout à coup, avait également parlé d'économie. Le fait que cela risquât d'être difficile pour moi de « descendre » dans un restaurant londonien le soir qui me conviendrait ne semblait pas avoir frappé l'oncle Giles, qui ne s'était jamais trop soucié de pénétrer les principes qui pouvaient régler l'existence et les déplacements des autres. Il avait écrit de chez *Harrods*, si bien qu'il était impossible de lui répondre; je décidai, au cas où j'irais à Londres – et il se trouvait que je devais justement y aller le lendemain dîner avec Stringham –, que je ne passerais pas la soirée au *Trouville Restaurant*. L'oncle Giles ne disait pas pourquoi il souhaitait me rencontrer : peut-être s'agissait-il d'un élan d'affection parfaitement désintéressé à l'égard d'un membre de la famille perdu de vue depuis quelque temps. Mais je suspectais, peut-être injustement, que ce n'était pas là son vrai mobile et, comme à l'âge que j'avais alors, on a tendance à trouver incohérent, la plupart du temps, le comportement des personnes plus âgées, j'oubliais la lettre de l'oncle Giles ce qui, comme je vois les choses aujourd'hui, était plutôt sans excuse. Je n'avais pas revu Stringham depuis l'été, et je ne savais pas grand-chose de ses nouvelles activités. Pour une raison ou une autre, nos projets de rencontres avaient tous échoué, et je sentais instinctivement qu'il était en train de passer sur une orbite où nous nous verrions de moins en moins. J'y songeais cet après-midi-là; je n'avais pas tellement envie de me mettre au travail, je regardais les tours du collège voisin, le ciel plombé. On frappa alors à la porte.

« Entrez. »

C'était Le Bas.

« Je viens de déjeuner avec votre doyen, me dit-il, il a parlé de vous. Je me suis dis que j'allais venir vous voir. »

Je ne sais trop pourquoi, cette visite me surprit fort. Il avait si bien disparu de ma vie! Cette surprise n'était pas due à un changement d'aspect chez Le Bas. Il était en fait toujours le même, sauf qu'il semblait avoir rétréci, et que sa peau avait pris, semble-t-il, un ton grisâtre que je ne lui connaissais pas. Il était planté à la porte, comme s'il venait juste jeter un coup d'œil à l'intérieur pour s'assurer qu'il ne s'y passait rien d'anormal, et qu'il allait ainsi inspecter les différents appartements du collège, pour s'assurer que tout y était comme il faut. Je l'invitai à s'asseoir. Il entra dans la pièce, mais il semblait vouloir rester débout, dans une de ses postures caractéristiques, les mains en avant, l'une un peu plus haute que l'autre, comme une divinité égyptienne, ou un personnage de la tapisserie de Bayeux.

« Alors, comment cela va-t-il, Jenkins? me demanda-t-il, après avoir finalement accepté, apparemment à contrecœur, de s'installer dans un fauteuil; – vous avez une belle vue, d'ici. »

Il se releva, et il alla regarder par la fenêtre pendant une minute ou deux, dans la direction de nuages menaçants qui commençaient à assombrir le ciel. D'en dessous montaient des voix d'étudiants. Le Bas regarda les passants.

– J'imagine que vous connaissez cette anecdote de Calverley en train de lancer des cailloux dans les fenêtres du principal de Balliol, dit-il, juste pour qu'il vienne se montrer aux visiteurs. Il me semble que Parkinson était vaguement parent avec Calverley. J'ai rencontré Parkinson l'autre jour. Dans le temps j'ai fait de l'aviron sur le même huit que lui. Parkinson était un de vos condisciples, n'est-ce pas, ou bien suis-je en train de mélanger les dates?

– Oui, nous étions à l'école ensemble, il n'a quitté l'université que l'an dernier.

– Il n'a pas réussi à entrer dans une équipe, n'est-ce pas?

– Je crois qu'il n'a essayé qu'une fois ou deux.

– Et qui y a-t-il d'autre de chez moi?

– Stringham, qui est parti à la fin du trimestre dernier.

– Parti, ou mis à la porte?

– Non, il...

– Si je me souviens de Stringham, reprit Le Bas, il avait une écriture épouvantable. Jamais rien vu de pareil. Et pourquoi donc a-t-il été renvoyé?

– Il n'a pas été renvoyé. Il a trouvé une situation chez Donners-Brebner. Je vais aller le voir demain.

– Et qui d'autre? continua Le Bas, qui n'avait visiblement jamais entendu parler de Donners-Brebner.

– J'ai vu Templer récemment. Maintenant, il travaille dans la City.

– Templer? dit Le Bas. Ah oui, Templer. Dans la City, tiens. Est-il allé à l'université?

– Non.

– Il a probablement aussi bien fait. Enfin, cela l'aurait peut-être civilisé un peu. Les choses étant ce qu'elles sont, il va sans doute porter jusqu'à la fin de ses jours ces horribles chaussettes. C'était bien Templer, n'est-ce pas, qui avait toujours des chaussettes extraordinaires?

– Oui, c'était bien lui.

– Enfin, cela lui passera peut-être.

– Ou alors elles ne lui iront plus, dis-je, mais cela n'amusa pas Le Bas, qui resta impassible, et j'ajoutai : « J'ai séjourné dans la même famille française que Widmerpool, l'été après mon départ de l'école. »

– Ah oui, Widmerpool.

Le Bas resta longtemps plongé dans ses réflexions. Il posa les pieds sur le bord de la grille du foyer et entreprit de faire des tractions en se tenant à la cheminée : avait-il l'intention de se hisser sur la tablette afin de s'y étendre?

– Ce Widmerpool m'a toujours posé un problème, finit par admettre Le Bas.

Là, au moins, il n'y avait rien à dire.

– Comme vous le savez probablement, poursuivit Le Bas, au début il y avait eu cette histoire de manteau, qui avait provoqué toutes sortes de plaisanteries.

– Oui, on m'a raconté cela.

– Un garçon plein de bonne volonté, mais...

– Et puis il prenait l'entraînement très au sérieux.

– Et puis, beaucoup de... euh... Le Bas ne semblait pas trop savoir où il allait, et finit par laisser tomber : « Des qualités morales certaines, admirables dans leurs limites, mais... »

Il devait penser à l'affaire Akworth, qui lui avait causé pas mal d'ennuis.

– En France, quand je l'ai vu, tout avait l'air de bien aller.

En gros, c'était vrai.

– Ravi de l'apprendre, répondit Le Bas. Ravi, vraiment. J'espère qu'il finira par trouver sa place en ce monde. Vous avez dit quel collège?

– Il n'est pas allé à l'université.

– Et qu'est-ce qu'il va faire?

– Avoué.

– Aucun de mes élèves ne croit-il donc aux avantages que donne dans la vie un séjour à l'université? J'espère que vous, vous travaillez sérieusement pour passer votre licence.

Pour plaisanter, je lui tendis un exemplaire de *Charters*, de Stubbs, qui se trouvait sur la table.

– Vous connaissez Sillery? lui demandai-je.

– Sillery? Sillery? Oh! bien sûr que je connais Sillery! répondit Le Bas; mais il ne mordit pas à l'hameçon.

Il y eut un silence.

– Eh bien, j'ai été ravi de cette conversation, dit finalement Le Bas, j'espère que vous viendrez à la fête des anciens élèves.

Il se leva de son fauteuil et il resta planté là quelques secondes, comme s'il hésitait à partir.

– Il faut conserver les amitiés vivantes, dit-il de façon fort inattendue.

J'imagine que sa présence avait fait revenir le souvenir – inconsciemment – de l'époque de Braddock *alias* Thorne; car, sans savoir pourquoi, j'ajoutai : « Comme Héraclite. »

Le Bas eut l'air tout surpris.

« Vous connaissez ces vers? me demanda-t-il. Ah mais oui, vous étiez fort en anglais. »

Puis il se dirigea vers la porte, apparemment plongé dans les questions que soulevait cette référence à Héraclite. Il s'arrêta devant la porte. Visiblement, quelque chose le tourmentait, qu'il n'arrivait pas à dire. Après quelques hésitations, il dit finalement : « Jenkins, vous savez, il y a quelque chose dont il faudra vous souvenir : il faut de tout pour faire un monde. »

Je lui répondis que je m'efforcerai de ne pas l'oublier.

« Très bien, dit Le Bas, cela vous aidera. »

Je l'observai de la fenêtre. Il se dirigea rapidement vers l'entrée principale du collège, puis s'arrêta soudain pour tourner sur ses talons et revenir très lentement vers mon escalier; il s'arrêta là, resta une minute puis repartit dans une autre direction, avant de disparaître à ma vue, sans que je pusse deviner où il allait se rendre ensuite pour y faire escale. L'incident de Braddock *alias* Thorne, que la visite de Le Bas venait de me rappeler, semblait plus grotesque que jamais, avec le temps. Je me demandai dans quelle mesure Le Bas en personne croyait lui-même à son histoire – il faut de tout, etc. Rien dans son attitude ne m'avait jamais donné à penser que ses principes favoris reposaient sur la notion d'une diversité souhaitable dans l'espèce humaine. Loin de là, il avait toujours exigé chez ses élèves de les voir se conformer à un certain nombre de conventions facilement reconnaissables; en même temps, il m'apparut que cette habitude d'essayer ainsi de découvrir les mobiles, c'était précisément ce que Le Bas venait à l'instant de désapprouver, avec beaucoup de discrétion, chez moi.

Certaines personnes sont inextricablement liées dans la vie; si bien que la rencontre inattendue d'une personne de connaissance dans la rue annonce l'inévitable arrivée, un jour ou deux plus tard, d'une lettre d'un autre, ou d'une autre, présentant un lien involontaire. L'apparition de Le Bas fut l'un de ces préludes bizarres qui donnent en quelque sorte un aspect dramatique à des événements qui sortent de l'ordinaire. C'est comme si un rythme s'altérait progressivement, pour éviter que ne se produise un brutal changement de sensations; dans le cas qui nous intéresse, le hasard semblait faire renaître un peu de l'atmosphère de mon ancienne école, comme dans une représentation d'amateurs, pour que lorsque je rencontrerais Stringham dans le cadre de sa nouvelle existence, il me revînt quelque chose des circonstances dans lesquelles nous avions fait connaissance.

Le lendemain, je ne sais pourquoi, à Londres, je ne cessai de penser à la visite de Le Bas; c'était cependant bien longtemps avant que je n'en vienne à considérer presque comme une routine la manipulation transcendantale de ceux qui m'entouraient. Il faisait un temps affreux. Le moment venu, je fus bien content de me retrouver à l'intérieur du siège de Donners-Brebner, encore que le caractère sinistre de ce quartier de Londres fût encore augmenté lorsqu'on en contemplait le panorama du haut de cet énorme édifice informe, que l'on venait de reconstruire dans un style aussi dénué de caractère définissable qu'un énorme dolmen préhistorique. Le bureau de Stringham se trouvait à l'un des étages supérieurs, et il donnait au nord sur la Tamise. Il faisait nuit maintenant, les lumières se reflétaient dans l'eau depuis la rive oppressante, lugubre et cependant admirable. Stringham semblait en pleine forme, infiniment mieux que depuis longtemps.

– Allons-nous-en d'ici, dit-il.

– Je suis un peu en retard.

– Allons prendre un verre.

– Où allons-nous?

Pendant une seconde, une fraction de temps infinitésimale, si brève que c'est rétrospectivement que j'en apprécie la véritable durée, car sur le moment elle disparaissait en même temps qu'elle naissait, j'éprouvai une sensation que je n'avais jamais connue: il me sembla que Stringham éprouvait un léger embarras. Il avança d'un pas, et fit un geste comme pour flatter la tête d'un chien et il me dit:

– Là, là, il est beau. C'est un bon chien, il ne grogne pas. Le fait est que je t'ai posé un lapin. Juste là, sous ton nez.

– Que veux-tu dire?

– Je suis tout à fait inexcusable, mais on m'a invité sans préavis à une soirée qui s'annonce épatante, et avant j'ai un dîner et je dois aller au théâtre. Alors comme cette soirée s'annonce très réussie, j'ai pensé que tu n'y verrais pas d'inconvénient.

– Certainement.

– C'est parfaitement grossier de ma part, je l'admets.

– Mais non, si c'est une soirée pareille.

– Alors je me suis dit que le mieux ce serait que tu viennes chez moi, et nous pourrions parler pendant que je me changerais, ensuite je te déposerai là où tu auras envie de dîner.

– D'accord.

Devant Stringham, je pouvais toujours prétendre n'éprouver aucun dépit; en fait, j'étais furieux. Et cela ne lui ressemblait pas du tout. Il me fallait maintenant changer mes plans. Sa voiture était garée devant la porte. Nous partîmes vers le nord.

– Comment vont les choses dans ce vieux collège?

– Le Bas est venu me voir hier.

– Notre vieux maître de pension?

– Braddock *alias* Thorne.

– Seigneur, j'avais oublié cela!

– Je me demande si lui l'a oublié.

– Lui as-tu raconté comment cela s'était fait?

– Non.

– Comme c'est extraordinaire de le voir ainsi refaire surface!

– Il m'a demandé de tes nouvelles.

– Non?

Stringham n'était pas intéressé. Le Bas ne faisait plus partie de ses souvenirs. Je commençais à comprendre quels profonds changements s'étaient produits en lui.

– Et la vie à Londres?

– Amusante, il faut que tu viennes vivre ici.

– Un jour, certainement.

– Tu ne pourrais pas te faire renvoyer? Personne ne peut supporter trois ans de vie à l'université.

Nous arrivâmes chez lui, nous franchîmes le porche, et nous allâmes nous servir des verres dans la salle à manger avant de monter à l'étage. L'endroit semblait moins sinistre que lors de ma première visite. La chambre de Stringham manquait plutôt de confort, elle donnait sur les toits d'autres vastes maisons.

– Avec qui vas-tu dîner?

– Les Bridgnorth.

– N'aurais-je pas déjà vu la photo d'une certaine Lady Peggy Stepney, créature tout à fait ensorcelante?

– Cette photo a été prise aux courses de Newmarket. Je me suis dit qu'il était peut-être temps que cette jeune fille se marie et qu'elle se fasse une position dans la vie, dit Stringham. Il me semble qu'il y a suffisamment longtemps que je suis célibataire.

– Et qu'en dit Lady Peggy?

– A en croire certains signes, je ne lui déplairais pas trop.

– Alors, pourquoi pas, en effet?

Nous continuâmes à bavarder ainsi à bâtons rompus, pendant que Stringham se baladait en chemise empesée et chaussettes de soie noire, qu'il se lavait les mains et se brossait les cheveux. Je ne savais pas trop dans quelle mesure il était sérieux à propos de la fille Bridgnorth. Je n'avais jamais vraiment envisagé le mariage d'un de mes amis, même sous la forme de projet vague. Je découvrais soudain que cela faisait partie des choses possibles. Un valet entrait de temps en temps, porteur de différents faux cols, mais Stringham n'en trouvait aucun qui lui plût.

– Celui-ci doit appartenir à Buster, dit-il enfin, en en choisissant un qui semblait lui convenir. Il ne me reste plus qu'à revendre les miens bon marché à des membres du clergé, qui pourront toujours les porter boutonnés dans le dos.

Il enfila sa queue-de-pie et tira sur ses manchettes.

– Bon, dit-il, nous prendrons un autre verre en partant.

– Où est ton dîner?

– Grosvenor Square. Où est-ce que je te dépose?

– Grosvenor Square me conviendra parfaitement.

– Qu'est-ce que tu vas faire?

– Je vais aller dîner avec un oncle à moi.

– Il habite là?

– Non, mais il ne m'attend pas tout de suite.

– Il t'attend quand?

– C'est une invitation permanente.

– Tu en as de la chance d'avoir ainsi des oncles chez qui tu peux tomber à l'improviste, dit Stringham. Moi, la famille, ils sont bien trop préoccupés par leurs propres affaires.

– Tu as déjà rencontré l'oncle Giles. Il est arrivé un soir à l'école pendant que nous prenions le thé. C'était le jour de « la malheureuse aventure » de Peter.

Stringham éclata de rire et dit : « Je me souviens de Peter, mais pas de ton oncle. »

Nous regagnâmes la voiture, et nous roulâmes quelque temps en silence. « On se reverra bientôt, dit Stringham, je suppose que tu rentres ce soir, autrement nous aurions pu déjeuner ensemble demain.

– Je reviens dans une semaine ou deux.

– Nous en profiterons pour nous voir.

Nous étions arrivés à Grosvenor Square. Il ralentit.

– Où est-ce que je te pose?

– Ici, ce sera très bien.

– Si ça se trouve, ce sera une soirée épouvantable, et Peggy aura changé d'avis et elle ne viendra pas.

Il me fit au revoir de la main, moi aussi, et la voiture fit le tour de la place.

Il faisait plutôt frais et il tombait une petite pluie fine. Je savais que cette séparation était de celles qui se multiplient comme le temps passe : jusqu'à ce que l'on finisse par y discerner la fin d'une période. Peut-être était-ce la dernière fois que je voyais Stringham de longtemps. Nos chemins divergeaient soudain. J'acceptais avec un petit pincement ce destin inévitable. Les amitiés humaines grandissent, puis elles se flétrissent rapidement et sans bruit, si bien que les personnes concernées ne s'aperçoivent pas comme ces liens sont devenus fragiles, ou inflexibles. Lady Bridgnorth, avec son invitation de ce soir, venait de briser avec une étonnante facilité un lien de cette nature – en fait, le seul qui existât – entre Stringham et moi. Comme l'accident de voiture de Templer avait, d'une façon assez différente, détourné Templer du chemin de Stringham. C'était une nouvelle époque qui s'ouvrait : d'un sens, ce soir-là, disparaissait tout ce qui restait de cette période scolaire.

J'étais bien content d'avoir pensé à l'oncle Giles. Cela, somme toute, justifiait la famille en tant que groupe social, qu'un pareil soir, un oncle à moi apparût précisément pour me consoler, s'étant rappelé presque par hasard, semblait-il, qu'il avait un neveu avec qui entretenir des relations, même de pure forme. Je trouvai une cabine téléphonique, et je cherchai l'adresse du *Trouville Restaurant*. C'était dans Soho. Il était encore de bonne heure. Je parcourus tout un réseau de rues étroites et marchai ainsi pas mal de temps avant de tomber enfin sur le *Trouville*. La façade n'avait rien d'exactement attirant. Il y avait des volets d'un rouge terne. Devant la porte était accroché un menu dans un cadre de cuivre, une publicité pour Schweppes : « Blanchailles – Potage Solférino – Sole Bercy – Côtelettes d'Agneau Reform – Glace Néapolitaine – Café. » Les prix indiqués semblaient tout à fait raisonnables. L'immense tristesse dégagée par cette façade lie-de-vin crasseuse convenait parfaitement aux circonstances, apparemment, car il y a toujours quelque chose de solennel dans les bouleversements, même ceux que l'on a acceptés.

La salle était étroite, toute en longueur, avec une rangée de tables de chaque côté à la queue leu leu : elles formaient une perspective qui se perdait dans l'ombre où se dissimulait le monte-plats entre des plantes vertes dans des cache-pot de cuivre repoussé. Le caractère désert du lieu, l'obscurité, le silence et, dans une certaine mesure, l'odeur qui y régnait, donnaient à ce restaurant quelque chose de vaguement ecclésiastique; et le passage entre les tables aurait tout aussi bien pu conduire à un maître-autel invisible. L'oncle Giles en personne était attablé tout seul au fond de la salle, le nez dans son livre : on aurait dit un fidèle somnolent en train d'attendre le prochain service. Il ne sembla pas particulièrement heureux de me voir, mais ne manifesta aucune surprise.

« Tu es en retard, dit-il, aussi ai-je commencé sans toi. »

Il ne lui était pas venu à l'idée que je puisse hésiter une seconde avant de me précipiter à Londres, dès qu'il m'annonçait une occasion de le revoir. Il posa son livre ouvert sur la table. C'était *Some Things That Matter.* Et nous discutâmes du fidéicommis jusqu'à ce qu'il fût l'heure pour moi d'aller reprendre mon train.

Cet ouvrage a été réalisé sur
Système Cameron
par la SOCIÉTÉ NOUVELLE FIRMIN-DIDOT
Mesnil-sur-l'Estrée
pour le compte de Christian Bourgois Éditeur
le 5 décembre 1989

Imprimé en France
Dépôt légal : janvier 1990
N° d'édition : 916 – N° d'impression : 10586